欧盟电子政务政策制定
与实施机制研究

迪莉娅　著

世界图书出版公司

上海·西安·北京·广州

图书在版编目(CIP)数据

欧盟电子政务政策制定与实施机制研究/迪莉娅著.
—上海：上海世界图书出版公司，2010.11（2014.4 重印）
ISBN 978-7-5100-2782-6

Ⅰ.①欧… Ⅱ.①迪… Ⅲ.①欧洲联盟－电子政务－
研究 Ⅳ.①D750.3-39

中国版本图书馆 CIP 数据核字（2010）第 204952 号

欧盟电子政务政策制定与实施机制研究

迪莉娅 著

上海世界图书出版公司出版发行
上海市广中路 88 号
邮政编码 200083
南京展望文化发展有限公司排版
上海竞成印刷有限公司印刷
如发现印刷质量问题，请与印刷厂联系
（质检科电话：021-55391771）
各地新华书店经销

开本：787×1092 1/16 印张：8.5 字数：220 000
2014 年 4 月第 1 版第 2 次印刷
ISBN 978-7-5100-2782-6/G・196
定价：28.00 元
http://www.wpcsh.com.cn
http://www.wpcsh.com

前　　言

欧盟虽然是一个超国家组织,但是欧盟电子政务政策设计的模式,却是很多独立国家所借鉴的对象。欧盟电子政务政策是指欧盟为了有计划地处理有关成员国电子政务事务、问题所制订的各种决定、指令、规章、行动方案、建议等法律和规范。欧盟电子政务政策是典型的顶层设计路线,欧盟电子政务制定与实施机制探讨了在多元利益主体协商博弈制度下制定电子政务政策,以软硬兼施的方法和手段实施电子政务政策,以多渠道的政策评估为补充,促进欧盟电子政务政策可持续发展的规律性。

本书通过对欧盟电子政务政策制定、实施和其所产生实际效果的分析研究,探索了其中的内在规律性,特别是重点论证了一个行之有效的电子政务政策制定与实施机制,对推动一个国家或者一个地区电子政务的发展所起到的重要作用。本书以欧盟电子政务政策发展为突破口,探讨电子政务政策过程中各个权力主体之间的相互关系对电子政务政策形成和实施中的功能定位。本书还通过对欧盟电子政务政策制定和实施情况的具体分析,探讨其政策制定和实施机制中的特殊规律,有针对性地对我国电子政务政策制定和实施过程中的问题进行了分析,试图对我国的电子政务政策发展产生一定的影响。

在研究中,作者从多学科的视角出发,应用多学科的知识,结合案例分析、文献研究、政策分析、政策建构等具体的研究方法,互为补充、互为印证,解析了在欧盟多层次治理框架中,欧盟电子政务政策制定与实施的过程和规律。由于欧盟电子政务政策发展的现实性,光靠各种数据库、图书馆和欧盟的官方网站收集的资料是不够的。因此,笔者还亲赴欧盟总部布鲁塞尔走访了欧盟议会、欧洲理事会、欧盟委员会、北约等重要机构,并且访问了比利时布鲁塞尔自由大学电子政务方面著名的专家和教授,参与了有关的学术研讨会,不仅拓展了本书研究资料的来源,而且积累了大量有价值的第一手文献资料,为探索欧盟电子政务政策的规律和拓展学术思维奠定了一定的基础。

电子政务的发展是一个国家和地区一定体制和环境下的产物,长期以来,在我国电子政务的研究和实践中,存在着重"电子"轻"政务"、重"技术"轻"政策"的倾向,对于电子政务政策环境的关注和研究都还处于起步阶段。本书通过研究欧盟电子政务政策制定与实施机制,希望对我国电子政务政策的制定与实施提供一定的理论支持,并且在具体的电子政务建设过程中,为我国电子政务政策制定、实施、评估,数字鸿沟的治理以及电子政务行政生态环境的营造等方面,在方法和手段选择与应用上发挥一定的参考作用。

在本书的写作过程中,笔者得到了中国人民大学信息资源管理学院的赵国俊教授、杨健教授、胡鸿杰教授、卢小宾教授,国家行政学院的刘旭涛教授等诸多师长的悉心指导,得到了中国人民大学欧盟问题研究中心的宋新宁教授、张小劲教授的大力帮助,在此一并感谢。因本书是笔者的学步之作,必然存在许多不足,敬请读者批评指正。

迪莉娅

2010 年 1 月 20 日

目　录

图 表 索 引

1 导　　言

欧盟电子政务政策对推动电子政务发展产生了不可低估的作用,这在相当大的程度上与欧盟电子政务政策的制定与实施机制有关,探索其中的规律作为借鉴是笔者的初衷和努力的目标。在广泛查阅文献资料,借鉴吸收相关研究理论的基础上,形成了目前初步的研究成果。

1.1　研究的背景

欧盟的电子政务自从 2000 年里斯本高峰会议之后有了很大的发展,就世界范围来看,欧盟的电子政务发展水平处于领先地位。根据联合国近年来发布的《全球电子政务准备年度报告》来看,欧盟电子政务一直保持着稳健的发展态势,"全球电子政务准备度"①排名前 25 位中,从 2003 年到 2005 年连续 3 年欧盟国家一直占据其中的 16 个席位。换言之,约有四分之三的欧盟国家进入全球电子政务发展水平前 25 强的行列②。除个别国家之外,欧盟各国的电子政务准备度指数都高于全球平均水平。

欧盟电子政务促进了社会经济的发展,推动了民主制度的进步,特别是在弥合数字鸿沟方面取得了很大的进步。例如,在欧盟第六次电子政务调查报告中显示,新成员国电子政务发展取得了优异的成绩,马耳他在 2006 年电子政务的排行榜中从上一年的第 16 名跃居第 2 名,爱沙尼亚从第 8 名晋升为第 3 名③。

欧盟电子政务之所以取得长足的进展,是诸多社会因素共同作用的结果,其中特别与欧盟治理模式下稳定有效的电子政务政策制定和实施机制息息相关。与此相反,虽然我国近十年来,花大力气建设电子政务,但经过暂短的"跃升式"发展,迅速甩掉电子政务发展在世界排名中的落后帽子之后,就没有继续保持"跃升"态势,徘徊在世界 191 个国家和地区的"中游"位置。这与我国经济总量居世界第四,对外贸易总量居世界第三的地位很不相称。面对世界各主要国家和地区电子政务不断加速发展的态势,中国必须进一步加大力度稳步加速发展。而要实现这一目标,需要在许多方面付诸努力,其中非常重要的一个方面是当前必须尽快完善我国电子政务政策制定

---

① 全球电子政务准备度主要从政府网站利用、电讯基础设施状况和人力资源 3 个方面衡量一个国家的电子政务发展水平。

② United Nation, Global E-Government Readiness Report 2005: From E-Government to E-Inclusion, 2005. http://www.escwa.un.org/divisions/ictd/workshop/forum/docs/eGovReadness.pdf.(检索日期: 20080111)

③ Capgemini "Online Availability of Public Services: How is Europe Progressing?", June 2006.

和实施机制,因为我国电子政务确实需要有一个一致的、灵活的、有效的、可持续的电子政务政策制定和实施机制作为保障。

在 2000 年里斯本高峰会议后,欧盟提出"促进经济增长和提高就业率"是欧盟的首要目标。长期以来,欧盟的经济发展迟滞,失业率不断增加,老龄化的欧洲即将到来,欧盟提出加大对信息社会的发展和投资,在 2010 年建成最具有竞争力的知识经济社会。自 2000 年制定电子欧洲行动计划以来,电子政务只是电子欧洲的子项目,直到欧盟的"i2010 年行动计划"的提出,欧盟才有了一个独立的电子政务的计划,即《i2010 电子政务行动计划:加速欧洲电子政务,使所有人受益》。欧盟如此重视电子政务的发展,盖源于电子政务对欧盟经济增长、社会进步,特别是在就业率提高方面具有巨大的促进作用;欧盟电子政务之所以能够得到迅速发展,盖源于相关公共政策的有力、有效,而这其中公共政策制定与实施机制的灵活、有效功不可没。

欧盟是一个超国家组织,欧盟有其独特的治理机制——多层次治理即网络治理模式,这是欧盟重要的决策机制,它标志着欧盟基本实现了国家权力向上、向下和向侧的多维度转移,即成员国中央政府的权力同时向超国家层面、次国家层面以及公共私人网络分散和转移,也就是形成了多层次治理体系①。欧盟的多层次治理体系由国家主义、政府间主义、超国家主义、泛欧主义四个层次和向度组成。欧盟的这种多层次的治理,对于欧盟电子政务政策的形成产生了非常直接和重要的影响。在欧盟多层次治理模式下,欧盟电子政务的政策也是欧盟立法的过程,在这个过程中,欧盟针对不同的政策目标,采取了两种不同的政策制定模式,即硬政策和软政策的制定。这种软硬政策不同的制定,为电子政务政策的实施奠定了民主性和合法性的基础。

不同制定模式下政策形成的效果不同,也导致了欧盟电子政务软硬政策在实施方面有很大的差别。硬政策的实施方式加强了信息技术在欧盟政府工作领域的广泛应用,例如在信息数据交换、互操作性、信息通讯市场开放等方面效果明显,特别是有效地促进了这些领域发展的协调性和一致性。电子政务软政策领域通过实施开放协调机制,给予成员国政府足够的灵活性和可操作性,充分体现了"软治理"②的特色安排,独到而有效。

欧盟电子政务政策有效性的发展,在很大程度上也得益于它所建立的电子政务政策评估体系。欧盟电子政务政策评估机制有一定的特殊性,反映了欧盟这种特殊政治共同体的需要和要求。同时,也为其他国家和地区电子政务政策评估机制的建立和发展提供了有益的经验和教训。

基于上述初步认识,笔者尝试从政策制定、实施、评估等几个方面剖析欧盟电子政务政策的制定与实施机制,以帮助我们更加真切地认识这种机制,并从中吸取有益的经验与教训。

1.2　研究的目的

第一,通过对欧盟电子政务政策制定、实施和其所产生实际效果的分析研究,探索其中的内

---

① 见吴志成、李客循《欧洲联盟的多层级治理:理论及其模式分析》,《欧洲研究》2003 年第 6 期,第 103 页。
② 软治理指基于软法的治理。

在规律性,特别是重点认识一个行之有效的电子政务政策制定与实施机制对推动一个国家或者一个地区电子政务发展中的作用;

第二,以欧盟电子政务政策发展为突破口,探讨电子政务政策过程中各个权力主体之间的相互关系对电子政务政策形成和实施中的功能定位;

第三,通过对欧盟电子政务政策制定和实施情况的分析,探讨其政策制定和实施机制中的特殊规律,希望能对我国的电子政务政策发展产生一定的借鉴价值。

1.3　国内外相关研究简况

20 世纪 90 年代以来,随着信息化浪潮的兴起,世界各国的专家和学者对电子政务的研究也逐渐兴盛起来,电子政务政策对电子政务发展的决定性作用,也理所当然地引起相当一部分人对电子政务政策问题的特别关注。以下是笔者对国内外学者关于电子政务政策研究情况的概要叙述。

1.3.1　国外研究状况简述

国外学者对欧盟电子政务政策的研究起步比较早,研究的内容和方向主要包括经济建设、公共服务、技术、人本为中心、政策发展等各个层面。

第一,在经济建设层面的研究。

欧盟电子政务的首要目标是促进经济增长和提高就业率,创建知识经济的社会。从目前笔者所占有的材料来看,相当一部分学者的研究报告将主要着眼点放在电子政务政策是否能给欧盟的经济带来繁荣和如何为经济繁荣创造条件方面,对电子政务政策的评价也主要从经济效益方面展开。许多研究报告阐述了欧盟的公共领域在经济方面提高欧盟竞争力方面的作用,指出公共领域是促进欧盟经济增长的主要领域,在经济、社会和环境更新方面实现里斯本战略具有重要的作用。在欧盟重要的政策研究报告《电子政务在欧盟未来中的作用》指出[1]:公共领域在为公民支持高水平的经济和社会模式以及创建有竞争力的市场环境方面扮演着重要角色。认为欧洲经济发展在培养有技术的劳动力和提升主要工业竞争力方面需要公共领域的支持。那些在公共领域透明、公开以及电子政务准备度分数高的国家同时在经济竞争力方面也名列榜首[2]。该文还指出,为了克服改变思想、推进组织结构的变化、加大投资等方面的障碍,需要强大的政治领导力。欧盟委员会为了加强与公众之间的联系,准备建立电子欧盟委员会,进一步改善成员国内部和其他机构以及公民和企业之间的关系。IDABC 电子政务观察室专门做了关于电子政务对

---

① Communication from the Commission to the Council, the European Parliament, the European Economic and Social Committee and the Committee of the Region, The Role of eGovernment for Europe's Future, Commission of eGovernment for Europe's Future, 2003.

② World Economic Forum Global Competitiveness Reports, European Commission Innovation Trendcharts and Scoreboards, UN Global eGovernment Readiness Reports (2003, 2004, 2005).

于国家竞争力、就业和经济增长影响的报告,该报告指出电子政务成为增加国家竞争力的关键因素。电子政务能够提供更高质量、更具有回应性、适合用户需要和更有效率的公共服务。这也是收获信息社会的成果和达到里斯本战略目标的根本①。对于欧盟电子政务政策是否能够促进欧洲社会经济繁荣问题,回答是肯定的。几乎在所有的研究报告中都明确指出,欧盟经济的繁荣与强有力的电子政务政策有关。至于如何促进经济繁荣,很多研究报告中指出要通过电子政务革新政府、减少行政负担、提高政府工作效率等。

第二,在公共服务层面的研究。

学者和专家一方面关注电子政务对于公共服务发展本身的研究,指出互联网可以帮助实现《阿姆斯特丹条约》②所制定的目标,保证欧盟的决策活动对公民实现充分的透明和进一步开放③。欧盟成员国政府制定相关的政策为公民利用政府信息提供保证。由于政府面临着更多的挑战,例如老龄化、气候变化、恐怖主义者等问题,公民需要更好、更安全、更透明的服务。电子政务在加速政府革新方面具有重要的作用④。另一方面,对电子政务绩效的研究也比较多。Elio Borgonovi 和 Valentina Mele 从中央和地方关系的角度研究欧盟的电子政务政策,分析了电子政务政策在各个成员国推广的情况,以及各个国家电子政务方面的合作机制,指出这种合作机制对于政府机构的变化和信息的共享具有重要的作用⑤。Ross O'Brien、Denis McCauley 等人指出政府的开放和透明也是实现中东欧地区政府在 20 世纪 90 年代对人民承诺的保证。通过对欧盟中东欧国家的基础设施、电子政务发展情况、企业和法律环境、教育和技术、政府政策以及公共服务等几个方面的调查和分析,认为电子政务不仅仅是传递服务的一种新渠道,而且也是行政机构达到透明和有效率跨越式发展的一个机会⑥。因此,各个成员国需要在公共服务方面加大力度,学习先进国家的经验。在 IDA⑦⑧ 项目研究报告——《电子政务服务的多渠道传递》中指出建立多渠道服务的必要性:第一,多渠道公共服务提高了公共服务的质量和数量;第二,多渠道服务减少了提供服务的成本,并且强调了多渠道电子政务服务政策也是克服数字鸿沟的重要方法⑨。Albena Kuiumdjieva、Albert Jacob Meijer 等研究者从机构和法律的角度对电子政务公共服务政

---

① IDABC eGovernment Observatory, The impact of e-government on competitiveness, growth and jobs, IDABC eGovernment Observatory Background Research Paper,2005,p. 11.

② 1997 年 6 月欧盟理事会中旬公布由欧盟首脑会议通过的《阿姆斯特丹条约》。

③ Communication on a Commission Initiative for the Special European Council of Lisbon, E-Europe, an Information Society For All, 2000,p. 13.

④ Communication from the Commission to the Council, the European Parliament, the European Economic and Social Committee and the Committee of the Region, i2010 eGovernment Action Plan: Accelerating eGovernment in Europe for the Benefit of All, Brussels, 2006.

⑤ Borgonovi, Valentina Mele, Study on Central-local Relationship in EU in the Field of Electronic Government,41th Meeting of the European Directors-General Responsible for Public Administration,2003.

⑥ A white paper from the Economist Intelligence Unit sponsored by Oracle, E-government in Central Europe Rethinking public administration[R],2004.

⑦ Albena Kuiumdjieva, Albert Jacob Meijer, Breaking Barriers to eGovernment — Overcoming obstacles to improving European public services,EC,2006.

⑧ IDA:是指欧盟行政机构数据互换项目,欧盟重要的电子政务政策之一。

⑨ Interchange of Data between Administration, Multi-channel delivery of eGovernment services,June 2004.

策在实施中的障碍做了研究,提出了克服这些障碍的途径①。

第三,在技术层面的研究。

建立泛欧洲的电子政务服务政策,需要克服技术上的障碍,尤其是互操作性、软件开放等方面的问题。许多欧盟的研究报告,例如《互操作架构的主要原则》、IDA 项目第二期的《关于互操作性的决定》等对于互操作性的必要性、原则以及欧盟实行互操作性所采取的行动和方案作了规定。电子采购也是电子政务政策中的重要内容,电子采购的技术问题、原则、方法以及要求在欧盟委员会的专家研究报告中多次强调,指出各个成员国使用网上采购时,在采购的各个阶段所用的交流方式和工具应该保证非歧视性的原则。为了防止电子采购方面的障碍,各个成员国应该使用委员会所提出的 IDA(行政机构数据交换)的功能需求②等。Rishab Aiyer Ghosh、Bernhard Krieger、Ruediger Glott、Gregorio Robles 等学者对欧盟的软件开放政策,以及软件开放政策对于欧盟经济的影响作了深入的研究和分析,指出软件是在经济、结构和竞争力方面驱动信息通讯技术的关键因素,信息通讯技术的绩效也强烈受到软件开放资源的影响。并且指出与软件资源开放相关的服务在 2010 年达到所有 IT 服务 32% 的份额,在经济中与软件资源相关的份额占欧盟 GDP 4% 的份额③。就公共领域软件开放政策发展和未来的走向问题,Rishab Aiyer Ghosh 等人在《公共领域软件开放——欧盟内部政策》一文中就法国、德国、西班牙、英国、奥地利、比利时等欧洲国家软件开放政策的情况作了比较分析④。

第四,以人本为中心的研究。

电子政务政策为谁服务、如何服务也成为学者关注的重点,许多学者强调建立以人本为中心的电子政务服务政策。C·Centeno、R·van Bavel、J-C·Burgelman 指出建立以公民为中心电子政务政策的重要性,认为电子政务要以用户知识为基础,以用户为中心去获取知识,传播信息。政府必须更好地理解和处理好公民的需要,理解在多大程度上应该赋权于电子政务的用户⑤。很多学者对缩小数字鸿沟政策做了专门研究和提出了具体的建议。John Butler 和 Roberto Carneiro 等人对宽带政策做了研究,在治理数字鸿沟方面提出了建议。Bergamelli Serge 和 Carneiro Roberto 等人对电子普遍服务政策(inclusion policy)以及所面临的挑战作了分析,并对未来的政策实施提供建设性的意见⑥,指出数字技术的发展为残疾人提供了克服障碍(包括社会经济、地理、文化等)的机会。利用技术可以帮助残疾人在平等的基础上融入社会的发展,指出未

---

① Albena Kuiumdjieva, Albert Jacob Meijer, Breaking Barriers to eGovernment — Overcoming Obstacles to Improving European Public Services, Modinis Study(draft), 2006.

② Communication from the Commission to the Council, the European Parliament, the European Economic and Social Committee and the Committee of the Region, Action Plan for the Implementation of the legal Framework for Electronic Public Procurement, Commision of the European Communities, 2004.

③ Rishab Aiyer Ghosh, Study on the: Economic impact of open source software on innovation and the competitiveness of the Information and Communication Technologies(ICT) sector in the EU, 2006.

④ Rishab A. Ghosh, Bernhard Krieger, Ruediger Glott, Open Source Software in the Public Sector: Policy within the European Union, International Institute of Infonomics University of Maastricht, 2002.

⑤ C. Centeno, R. van Bavel, J-C. Burgelman, eGovernment in the EU in the Next Decade: the Vision and Key Challenge, European Commission Directoral-General Joint Research Centre, 2004.

⑥ eEurope Advisory Group, e-Inclusion: New challenges and policy recommendations, 2005.

来的挑战是处理用户技术之间的障碍①。电子普遍服务政策通过缩小信息通讯技术使用方面的差距,从而缩小数字鸿沟来克服社会排斥,在提高经济绩效、就业机会、生活的质量和社会的参与及凝聚力等方面作出了贡献②。

第五,从电子政务政策发展的角度研究。

对欧盟电子政务政策进行系统研究和分析的是有名的电子政务专家 Antonio Alabau,在他的文章《理解欧盟的电子政务政策——超国家组织的电子政务政策的比较分析》③中,对欧盟不同的电子政务政策实行情况、经验教训作了总结,并且对联合国、国际电信联盟、OECD 等超国家组织的电子政务政策作了比较。而 Antonio Alabau 的另一篇专著《欧盟和它的电子政务政策》对欧盟不同时期的电子政务政策从战略、规则和预算角度作了详细的分析,指出了欧盟电子政务政策的不足。因为欧盟缺乏连续的电子政务政策,欧盟电子政务的政策必须通过其他欧盟政策的措施和项目来实施,即通过工业、泛欧洲网络、研究和技术发展、内部市场和地区发展等政策来完成,问题不在于措施本身而是如何使用这些措施的问题,解决这些问题的责任在于欧盟委员会④。Eremy Millard、Richard Warren、Christine Leitner、Jamal Shahin 等人研究了欧盟电子政务政策研究的优势和弱势,并且对电子政务政策的组织、协调、运作以及 2020 年电子政务发展做了深入的分析和探讨⑤。

1.3.2 国内研究状况简述

由于信息化浪潮的兴起,中国对国外电子政务政策的研究还要从欧盟的信息政策的研究算起。虽然专门对欧盟电子政务政策研究的著述目前不多,但是对欧盟信息政策方面的研究已见雏形。因为欧盟电子政务政策是信息政策的一部分,在国内学者的论著中会涉及对电子政务政策的发展情况。另外,值得一提的是,欧盟信息政策和电子政务政策都是在欧盟多层次治理背景中产生的,在政策制定和实施机制中会有很多相似之处,通过对欧盟信息政策的研究也可以发现很多值得借鉴的学术成果。

第一,关于信息政策的研究。

早在 1993 年我国学者就已经对国外信息政策开始关注,例如辛欣的《国外信息政策梗概》、梁俊兰的《国外信息政策发展道路》、肖希明的《国外信息政策研究的兴起与热点》以及张珠圣在《毛泽东邓小平理论研究》上连续发表了《国外信息政策研究(上、中、下)》。后来,张新宇和尚萍对国外信息政策作了从 1990 年到 2001 年的研究述评,以及到最近罗曼发表的《国外信息政策研究解析》,在这些对国外信息政策研究中,学者们更多的是介绍美国、日本、欧盟等国家信息政策

① Communication on a Commission Initiative for the Special European Council of Lisbon, E-Europe, An Information Society For All, 2000, p. 13.

② EU, Ministerial Declaration, Riga, Latvia 2006.

③ Antonio Alabau, Understanding the e-Government Policy of the European Union — A comparative analysis with the e-Government policies of some supra national organizations, 2003.

④ Antonio Alabau, European Union and its egovernment development policy, 2004.

⑤ Jeremy Millard and Richard Warren, Towards the eGovernment Vision for the EU in 2010: Research Policy Challenges, European Commission Directorate-General Joint Research Centre, 2006.

的发展历程。

　　而首先对欧盟信息政策专门展开研究的要属郑海燕和罗曼,两位学者从欧盟信息社会发展、信息社会总体框架、电信改革、信息资源开发利用、电子商务、信息安全、知识产权的保护等几个方面对欧盟信息社会政策的各个方面作了全面的介绍,指出欧盟信息政策制定中的兼具区域性组织和国家的特点。

　　后来郑永丰、李广建在其《欧盟信息政策及其对我国的借鉴意义》一文中总结了欧盟信息政策的 3 个特点:a) 双重性。即它的信息政策既具有区域合作组织的特性,又带有国家信息政策的特征;b) 合作性。即欧盟的特殊性质,决定了其在制定和执行信息政策的时候必须更多地考虑国家间的协调与合作,只有这样才能更好地促进整个欧洲地区的信息化和信息社会建设;c) 人本性。社会是人的集合,信息社会的概念反映出欧洲人在进行信息化建设过程中的一种以人为本的思想。郑永丰和刘明政的另外一篇文章《欧盟信息社会政策制定战略》还总结了欧盟信息社会的制定战略经验,认为欧盟信息社会的制定战略得益于:a) 充分的准备工作与及时的跟踪反馈相结合;b) 阶段性目标明确;c) 衡量指标体系详细。

　　欧盟信息政策的发展对我国信息化政策的制定和实施具有很大的借鉴意义。电子政务政策是欧盟信息化政策的一部分,欧盟的电子政务政策同样具有以上特点。欧盟电子政务政策无论在制定和实施过程中都体现了欧盟与成员国彼此之间的合作和协调,这一点是毋庸置疑的。电子政务政策虽是欧盟信息政策的子集,但欧盟电子政务政策制定和实施机制也有自己的发展规律。

　　第二,关于信息法律的研究。

　　欧盟自成立以来,已制定推出了关于构建新型科技信息社会的一整套政策,同时还出台了一系列对信息化产生重大影响的法律、法令和其他规范性文件。学者蒋坡对中、美、欧盟的信息法律进行了深入的比较分析,他认为欧盟整合了欧共体各国的共同利益,陆续发布了一系列用以规范和指导各国信息发展的"指令"等,初步建立起了欧盟的信息法律体系[①]。蒋坡的著作同时也系统而全面地阐述了中、美、欧盟在信息产业、信息服务、信息安全保障、电子商务管理、网络知识产权等信息法律方面的异同。许可静对欧盟的信息法律安全等方面做了研究,强调在信息法的建设方面为信息社会创造良好的环境。许可静认为网络与信息安全是关系国家安全、国民经济发展、人民利益和社会稳定的重大问题,而欧盟通过法制及其实施方案和政策维护网络与信息安全,取得了很好的成效。[②] 另外,在法律的推行方面注重成员国之间的协调,指出欧盟法律指导成员国的法律,各成员国的法律服从和补充欧盟的法律,从而构成了由欧盟统一的法律规范和各成员国各自的法律规范两个层面的法律规范所组成的特有的法律规范体系。

　　欧盟信息法律体系中,对于隐私和安全的保护居于核心内容,这对于我国信息法律的制定和实施很有借鉴意义。信息法律体系的建设也为电子政务的发展营造了良好的法制环境。

---

　　① 　见蒋坡《国际信息政策法律比较》,法律出版社 2001 年版。
　　② 　见许可静《欧盟网络与信息安全法律规制及其实施方案》,《中国信息导报》,2007 年第 3 期。

第三,关于电子政务政策的研究。

欧盟电子政务政策的研究还处于初始阶段,但是势头良好。焦宝文、薛晓户的专著《全球电子政府发展状况》,分析了欧洲国家构建电子政务的战略规划、实施步骤和具体措施。吴爱明在其论著《国外电子政务》中就各个国家,例如美国、欧盟、新加坡等国的电子政务发展情况作了阐述,认为欧盟制定电子政务的特点在于政策目标明确,利用建设信息社会的契机,使欧盟的经济在整体上有一个飞跃,力争超过美国。该文还指出,欧盟与美国相比,在于各国之间团结带来的凝聚力,因此欧盟要有统一的行动来发挥这种优势①。李章程虽在《欧洲电子政务建设研究》一文中冠以欧洲电子政务方面的研究,但是在文章内对欧盟电子政务在基础设施建设、公共服务、社会问题等方面作了一定的阐述。

总体来说,中国学者对欧盟电子政务的研究还在起步,更多地关注电子政务公共服务、功能设计、作用等方面的研究,无论是对欧盟电子政务政策本身的研究,还是对欧盟电子政务政策机制的研究,大都处于初涉阶段,还没有形成体系。

1.4　研究的内容与方法

1.4.1　研究的内容

本书的主要研究内容,就是阐释和分析欧盟电子政务政策制定和实施机制。具体而言,就是探索研究了欧盟电子政务政策制定与实施的机理、规则及各政策要素相互结合、相互制约、相互影响的规律性。本书用6章讨论了这一问题。

第1章:导论。这部分主要回答了欧盟电子政务政策制定与实施机制的选题背景和选题的意义,介绍了国内外研究的现状,交待了研究的研究内容和方法,并分析了研究的成果和创新点等。

第2章:欧盟电子政务政策的功能分析。欧盟非常重视电子政务政策的发展,因为电子政务政策在欧盟建构中具有重大的意义。重点分析了电子政务政策在推动欧盟经济增长、民主发展和泛欧洲服务方面所具有的特殊功用。

第3章:欧盟电子政务政策的制定。本章从硬政策的制定入手,分别阐述了欧盟硬、软政策决策主体,通过具体案例分析了制定过程中多方利益的协调和平衡的程序,以及软、硬政策的不同特点,并在此基础上,对欧盟电子政务政策制定的核心机制即多元利益协商立法制度进行了深入的探讨和分析,提出对我国电子政务政策制定可资借鉴的意见。

第4章:欧盟电子政务政策的实施。本章首先分析了欧盟电子政务硬政策实施的原理,通过具体的案例分析了电子政务硬政策的实施情况,总结了欧盟电子政务硬政策实施的特点。相对硬政策的实施,软政策的实施更多地体现了灵活和柔性的特点,分析了软政策主要通过目标管理、电子政务排行榜、良好实践交换以及政策扩散的方式促进欧盟电子政务政策在成员国之间的

---

① 见吴爱明、王淑清《国外电子政务》,陕西人民出版社2004年版,第224页。

发展,并且探讨了电子政务软政策的特点。在对欧盟软硬政策的实施过程和特点分析基础上,解析了欧盟电子政务政策实施的重要机制即软硬兼施、双管齐下的政策安排对欧盟电子政务政策发展的重要意义。

第5章:欧盟电子政务政策的评估。本章首先分析了政策评估的含义及其电子政务政策的评估对欧盟电子政务发展中的重要作用。重点对欧盟电子政务政策评估的三种模式,即目标达成模式、利益相关者模式和经济模式进行解析,分析了不同政策评估方式对于政策发展中的重要意义,而且通过具体的案例解读了三种评估模式的运作过程,并在此基础上对电子政务政策评估的特点作了归纳和总结。最后,对欧盟电子政务政策评估机制进行分析,并形成了一定的独立见解。

第6章:结语。这部分主要对欧盟电子政务政策制定和实施机制进行了归结,介绍了作者在研究过程中获得的一些启示,并且对欧盟电子政务政策发展的未来走向作了一定的探讨和预测。

1.4.2　研究的方法

欧盟电子政务政策的研究是一项复杂的系统工程,探索欧盟电子政务政策制定和实施的规律,涉及理论和实践的方方面面。为了更加透彻地掌握事物的发展规律,笔者在具体的研究中尝试采用了跨学科综合研究的方法,即从多学科的视角出发,应用多学科的原理,结合案例分析、文献研究、政策分析、政策建构、实地考查等具体的研究方法,互为补充、互为印证,以求尽可能使研究成果接近事物及其发展的本质。

欧盟电子政务政策制定与实施机制的研究涉及政策过程的各个方面。从一般意义上讲,电子政务更多的涉及公共管理的内容,但是在欧盟多层次治理背景下,增加了政策运行的复杂性。因为电子政务政策的制定和实施并不是一个简单的技术实现问题,而受到所处的政治、社会、文化、技术等复杂的社会环境系统的影响。对欧盟电子政务政策的研究将会横跨自然科学、社会科学的诸多领域,对于电子政务政策机制的研究光靠公共管理的原理和知识很难探寻到一个极其复杂的社会事物内在客观规律的方方面面。因此,在研究中,笔者尝试使用多学科研究的方法,即超越任何一个具体学科的视野,综合运用多学科的原理和知识对问题展开研究。本书具体结合应用了信息资源管理学、政治学、公共管理学、政策科学、法学、经济学以及计算机科学、网络应用技术等多学科的理论原理和方法对欧盟电子政务政策制定与实施机制的规律进行了探索。

案例研究方法的应用是本书的特色之一。欧盟电子政务政策机制受到欧盟多层次治理框架的制约和影响。因此,电子政务政策制定与实施机制的研究本身就可以看做是欧盟多层次治理的一个案例。本书主体部分,即对电子政务政策制定与实施机制的解析中,都采用了案例作为实证,试图从理论和实践的结合上说明问题。

在案例的选取上,本书兼顾了案例的客观性、典型性,在案例的分析上注意理论和实践、定性和定量相结合,在大案例和小案例之间注意互相衔接、互相印证,力争通过对案例层层深入的解析,探索在欧盟多层次治理背景下,电子政务政策发展的规律。

文献研究和实地考查作为社会科学研究的主要方法,在本书中也得到了充分的应用。笔者收集了国内外有关电子政务政策各方面的研究文献,并通过欧盟的官方网站,不断跟踪电子政务学术研究的最新动态。由于欧盟电子政务政策发展的现实性,光靠各种数据库、图书馆和欧盟的官方网站收集的资料是不够的。因此,笔者于 2007 年亲赴欧盟总部布鲁塞尔走访了欧盟议会、欧洲理事会、欧盟委员会、北约等重要机构,并且访谈了布鲁塞尔自由大学电子政务方面著名的专家和教授,参与了有关的学术研讨会,不仅拓展了研究资料的来源,而且积累了大量有价值的第一手文献资料,为探索欧盟电子政务政策的规律和拓展学术思维奠定了一定的基础。

1.5 相关概念界定

在研究电子政务政策制定和实施机制过程中,会涉及很多相关的概念,为了与读者能有一个共同讨论问题的概念基础,本书对政策、机制、治理、欧盟多层次治理四个主要概念进行了界定。

1.5.1 政策

社会各方面对政策的认识是多种多样的。韦伯在《经济与社会》一文中认为:政策是对某一特定的事情进行有计划的处理和领导。[①] 政策科学的创始人哈罗德·拉斯维尔与亚伯拉罕·卡普兰认为:政策是一种含有目标、价值和策略的大型计划。[②] 英国的政策科学家里查德·罗斯指出:应该把政策看做是多多少少有联系的活动所组成的一个较长的过程。[③]

孙光认为:"政策是国家和政党为了实现一定的总目标而确定的行动准则,它表现为对人们的利益进行分配和调节的政治措施和复杂过程。"[④]张金马主编的《政策科学导论》一文中指出政策为"党和政府用以规范、引导有关机构团体和个人行为的准则或指南"[⑤]。

对于政策的定义,笔者更倾向于公共行政学首创之一,伍德罗·威尔逊的说法:"政策是由政治家,即具有立法权者制定的而由行政人员执行的法律和法规。"[⑥]基于这样的认识,笔者认为欧盟电子政务政策是指欧盟为了有计划地处理有关成员国电子政务事务、问题所制订的各种决定、指令、规章、行动方案、建议等法律和规范。

欧盟电子政务政策通常分为两种:硬政策和软政策。对于欧盟老的共同体方法来说,欧盟政策的制定就是一个立法的过程,而政策就是法律和法规贯彻执行的过程,对于欧盟这一类政策来说通常称之为硬政策。具体而言,就是指那些需要依赖欧盟强制力保障实施的法律和规范。自里斯本高峰会议以后,欧盟采取了很多柔性的政策措施来达到电子政务政策的目标,这类政策

---

① [德]马克斯·韦伯《经济与社会》,商务印书馆 2004 年版,第 83 页。

② H. D Lasswell and A. Kaplan, Power and Society: A Framework for Political Ingenuity, Yale University Press, New Haven, 1954, p. 71.

③ Richard Rose, Policy Making in Great Britain, Macmillan, London, 1969, p. 10.

④ 见孙光《现代政策科学》,浙江教育出版社 1998 年版,第 26—37 页。

⑤ 见张金马主编《政策科学导论》,中国人民大学出版社 1996 年版,第 43 页。

⑥ [美]伍德罗·威尔逊《行政学研究》,彭和平、竹立家等编译,《国外公共行政理论精选》,中共中央党校出版社 1997 年版,第 14 页。

通常称之为软政策,即指那些效力结构未必完整,无须依靠欧盟强制实施,但能够产生实效的法律规范。这类政策通常又分为两个部分:一部分是将硬政策柔性化,即通过具体的没有法律约束的方法和措施分解硬政策,达到硬政策的目标;另一部分是欧盟为实现电子政务政策目标制定的各种计划、方案等。

1.5.2　机制

"机制"在《不列颠百科全书》中解释为:"在机构构造中,改变和修正机器或者任意部分组合运动方式和手段,其主要特征是所有的部分具有有限的运动性,也就是部分只能与其他部分相关进行运动,这种相关运动由部分的数量及其联系的方式来决定。"[①]"机制"在《韦氏大学词典》中解释为:"实现目标的过程和方法。"[②]1996 年版的《现代汉语词典》(修订本)对"机制"有 4 种解释:"a) 机器的构造和工作原理,如计算机的机制;b) 有机体的构造、功能和相互关系,如动脉硬化机制;c) 指某些自然现象的物理、化学规律,如优选法中优化对象的机制;d) 泛指一个工作系统的组织或部分之间的相互作用过程和方式,如市场机制、竞争机制等。"[③]从以上可知,人们谈论机制,从原来意义的机器的构造和工作原理上引申到工作原理、方法等领域。

本书所称的电子政务政策制定和实施机制,是指电子政务政策制定和实施的机理、规则及各政策要素相互结合、相互制约、相互影响的规律性。

1.5.3　治理

治理的概念在 1992 年由罗斯兹和岑佩尔出版的《没有政府的治理:世界政治中的秩序与变化》中首次提出后,对治理的认识多种多样,总结起来有以下几种看法:a) 治理是一种权力运作方式。世界银行认为"治理"是"为了发展而在一个国家的经济与社会资源的管理中运用权力的方式"。经合组织的发展援助委员会扩展了世界银行的观点,认为治理就是"运用政治权威,管理和控制国家资源,以求经济和社会的发展"。b) 治理是一种制度安排。联合国治理委员会在 1995 年发表的一份题为《我们的全球伙伴关系》的报告中,对治理下了如下定义:"治理是个人和公共或私人机构管理其公共事务的诸多方式的总和。它是使相互冲突的或不同的利益得以调和并且采取联合行动的持续的过程。它既包括有权迫使人们服从的正式制度和规则,也包括人民和机构同意的或以为符合其利益的各种非正式的制度安排。"[④]c) 治理是一种规则体系。姆斯·罗泽瑙在他的著作中将治理界定为由共同目标所支持的一种规则体系,并将治理和统治区别开来。

众所周知,欧盟是超国家组织,它不是一个实体国家,欧盟使用治理有其特别的意义。

德国学者海因茨·熊普夫指出,欧洲被称为一种独特的模式,其核心在于治理。用治理这个词表述欧盟是超国家的统治,说明治理和统治有很大的区别。第一,治理强调主体参与的多元性,它是一种多主体的参与和合作机制,包括社会与国家、公共机构和私人机构、政府和非政府之

① 《辞海》(缩印版),上海辞书出版社 1989 年版,第 1408 页。
② Webster's Ninth New Collegiate Dictionary, 1983.
③ 《现代汉语词典》(修订本),商务印书馆 1996 年版,第 582 页。
④ 联合国治理委员会《我们的全球伙伴关系》,牛津大学出版社 1995 年版,第 23 页。

间各种参与和合作形式。统治一般通常指政府或者其他的公共机构;第二,从权力运作的方式来说,治理是自上而下和自下而上的互动关系,而统治更多的强调自上而下单一向度的权力执行方式。

笔者认为,治理是多元主体参与,为实现共同目标,在一定的规则体系下各个主体之间权力博弈的过程。首先,治理是一个过程,是主体之间为实现共同目标,进行权力和资源交易的过程;第二,主体是多元的,治理是一种多主体的参与和合作机制,包括社会与国家、公共机构和私人机构、政府和非政府之间各种参与和合作形式;第三,治理存在于一定的规则体系下,但是它并不局限于政府的规则体系;第四,谈判和协商是治理运作的主要手段。

1.5.4　欧盟多层次治理

欧盟的组织机构是非常独特的,是因为它既有超国家性质的机构,又有政府间机构以及次国家机构,各种不同性质的机构相互制约和平衡,共同构成欧盟的组织制度框架,并为实现欧盟的治理目标而彼此合作与互动。欧洲联盟的超国家机构主要有欧盟委员会、欧洲议会和欧洲法院,这三大机构主要代表欧盟的整体利益,使得欧洲联盟明显地高于一般的国际组织,而具有联邦的特点。还有一些欧盟机构如欧洲审计院和欧洲中央银行等也具有超国家的性质,在欧盟层面的治理中同样发挥着重要作用;政府间机构主要有欧洲联盟理事会和欧洲理事会,它们代表欧盟各成员国的利益,并在实际上控制着欧洲一体化的发展进程;次国家机构包括各成员国的地方政府,以及致力于参与欧洲一体化进程,代表并维护联盟内利益团体和地方利益的经济社会委员会和地区委员会,这些次国家机构在欧盟决策中的地位比较低,影响比较有限。

欧盟目前有 27 个成员国,欧盟的治理有别于单一国家的统治模式,呈现出"集体治理"的模式。[1] 虽然欧盟会员国有权利按照其国内的情况安排国家的政策,但是单一会员国已经失去了对议题结果的掌控能力,而必须在集体决策中寻求个别的次佳利益。会员国之所以将政策逐渐移至欧盟集体的决定,乃因欧盟提供会员国个别政府无法提供的政策实质产出。[2] 欧盟经过五十多年的发展,从经济一体化逐渐走向社会一体化,网状概念是多层次治理的核心观念[3]。决策权在多行为者上和多层次中分享,而非单一行为者在单一层次上独揽。[4] 欧盟的治理呈现出超国家、国家、次国家、跨国家多层次、网状的结构。欧盟在多层次治理中体现了:

第一,主权让渡是欧盟多层次治理的实质内容。欧洲一体化进程是民族国家走向融合的过程。在这个过程中,主权让渡是欧盟治理的基础,并且随着一体化的不断深入,欧盟成员国主权让渡的层次和规模也在不断扩大。可以说一体化的过程也是民族国家的主权向欧盟一级和地方

---

① Bulmer, Simon J, The Governance of The European Union: A New Institutionalist Approach, Journal of Public Policy, 1994,13(4), p. 354.

② Hooghe, Liesbet and Gary Marks. Multi-Level Governance and European Integration. Oxford: Rowman & Littlefiel, 2001, pp. 71 - 74.

③ Jachtenfuchs, Markus. 2001. "The Governance Approach to EuropeanIntegration." *Journal of Common Market Studies* 39(2), pp. 253 - 255.

④ Hooghe, Liesbet and Gary Marks. "Unraveling the Central State, but How? Types of Multi Level Governance." American Political Science Review 97(6), pp. 233 - 235.

一级更多让渡的过程,公民社会则在公共治理之外为公民的社会生活创造了新的空间。"欧洲一体化的生命力就在于它所体现了各成员国的基本利益或者说它可以实现成员国单独所不能实现的利益。"①欧盟的多层治理系统在一定程度上弥补了民族国家在新形势下治理能力的不足,它取代了民族国家自身已经无法完成的任务:促进民族间的合作和制止它们之间的战争;化解全球化带来的风险,推动经济前进,以保障欧盟公民的社会福利权利;优化欧盟现有的政治资源并保障民主和公正;加强欧盟在国际上的地位和影响。欧盟的目标是把自己建设成一个民主、福利的联盟,并在全球化的世界上扮演一个领导性的和促进和平的角色。②

第二,欧盟多层次治理的目标,无论是社会的、政治的都最终落在经济上。欧洲区域治理的核心制度主要是为经济合作设置的,经济目标的实现以及效果如何也能较好地说明治理的有效性。虽然欧盟治理的目标多元化,但是都可最终在经济上找到其出发点。

第三,欧盟多层次治理的方式是协商、谈判。"欧盟作为一个多层面和多舞台体系的特殊结构",③"由于其独特的制度特性和社会结构条件,产生了一种特殊的治理方式,我们可以称之为'在网络中治理'"④。网络治理意味着欧盟是一个复杂的协商谈判体系,"这个体系试图通过谈判协商的途径让行为者全面介入,以使参与者的利益达到最优"⑤。众多利益不同的公私参与者的碰撞和妥协的结果,所订立的条约、法规所体现的往往是各种利益博弈的综合和妥协,欧共体(欧盟)作为一个泛利组织其目标必定是多元的,否则它就不能具有广泛的代表性。

第四,欧盟多层次治理的保证是欧盟法、宪法和条约。欧盟也类似于联邦国家设有行政、立法和司法3个方面。但其特点是:行政权由欧盟层次、成员国层次及次国家层次共同分担;立法权由超国家机构和政府间机构分享,但是政府间机构占优势;司法权则由欧盟法院独立行使,但是不受成员国司法体系的干扰。欧盟法律对于欧盟治理的保证体现在欧盟对于超国家机构和主权国家在欧盟治理中权力分配的界定,以及欧盟法在整体层次、成员国层次和地方层次的适用性。⑥ 欧盟法院是欧盟治理的保证实体,而欧盟法律的直接效力和优先性原则保证了超国家机制的行为能力。

1.6　主要研究成果及创新点

本书从政策的角度探讨了欧盟电子政务发展的过程,初步揭示了欧盟电子政务政策制定和实施的内在规律性,取得了一定的研究成果,并在此基础上形成了具有一定创新意义的见解。

---

①　见黄志雄《从欧洲联盟看国际社会组织化与国际化的发展》,《中央政法管理干部学院学报》,1998 年第 5 期,第 12—14 页。

②　参见欧盟拉肯首脑会议宣言:http://europa.eu.int/futurum/documents/offtext/doc151201_de.htm.

③　Heritier, Adrienne. The European Union Impact on National Policymaking. in: Heritier, Adrienne (Hrsg.). Differential Europe. Boulder:Rowman and Littlefield Publishers,2001,pp.1-21.

④　贝娅特·科勒-科赫《欧洲一体化与欧盟治理》,中国社会科学出版社 2004 年版,第 179 页。

⑤　同上。

⑥　见刘文秀、汪曙申《欧洲联盟多层治理的理论与实践》,《中国人民大学学报》,2005 年第 4 期。

1.6.1 主要的研究成果

第一，比较系统地阐释了在欧盟多层次治理背景下，欧盟电子政务政策制定和实施的过程，对欧盟电子政务政策实施的机理和内在规律性作了比较深入的探悉。指出欧盟电子政务政策制定和实施机制，实际上是指围绕欧盟电子政务政策形成、实施过程中各个主体之间所形成的相互关系和相互作用对于电子政务政策产生影响的过程和方式。这种过程和方式对于欧盟电子政务政策的有效实施产生了深刻和直接的影响。欧盟电子政务政策制定和实施机制是欧盟多层次治理机制在电子政务发展过程中的直接反映。在这种多元利益协商立法制度下，欧盟电子政务政策的制定和实施反映了各个行为主体所发挥的作用和采取不同的执行方式所带来的直接效果。

第二，从欧盟多元利益主体协商式立法制度入手，对欧盟电子政务政策制定过程作了深入的分析，指出欧盟电子政务政策的制定和欧盟立法之间的关系。电子政务政策的制定是经过欧盟委员会、理事会、欧洲议会和欧盟法院之间通过法定的程序，综合各方的利益和需求协商进行的。虽然这种立法的过程采用了两种不同的方式，即软政策和硬政策，但都是在欧盟多层次治理模式下多元主体共同发挥了作用，对欧盟电子政务政策民主性和合法性产生了深刻的影响。多元利益主体的协商式立法制度是达到欧盟电子政务政策效率和公平的基本条件。

第三，对欧盟电子政务政策实施模式进行了分析和探讨。阐述了欧盟电子政务政策所采取的软硬兼施、刚柔并济、优势互补的方式和方法，对欧盟电子政务政策自上而下和自下而上的实施方式产生了深刻的影响。进一步认同并阐释了软政策的柔性、回应性、灵活性、协商性、互动性、共识性、亲和性、自觉性、经济性等特征，这既是优势，又是其劣势；同样，硬政策的刚性、确定性、可预期性、普适性、单方性、强制性、权力性等特征，也既是其优势，又是其劣势[①]的观点。在硬政策和软政策之间具有明显的互补性，这在电子政务政策执行过程中是并行不悖、缺一不可的。两种政策刚柔相济，各占其长，软硬兼施，最大限度地发挥政策的规范和调整功能，推动欧盟电子政务政策目标的实现。

第四，对欧盟电子政务政策所采用的技术与价值相互糅合的评估机制进行了探讨。指出欧盟电子政务政策制度化的评估、制定指标和基准的多元参与以及评估主体的选择等方面对欧盟电子政务政策的公正性、客观性、准确性等方面的重要性。指出欧盟电子政务政策的评估不仅取得了政策评估达到公平和正义的价值目标，而且体现了政策的客观和真实的效果，为欧盟电子政务政策目标的更新和纠错起着重要的作用。

第五，提出了欧盟电子政务政策对欧盟发展的战略意义，指出欧盟电子政务政策在欧盟治理中的根本目标是实现电子治理。欧盟电子政务政策有效的制定和实施机制是实现欧盟电子治理的根本保证，这对于欧盟成员国政府的改革和创新具有重要的影响。电子政务的发展不仅受到政治的影响而且也通过政治赋予其意义。电子政务是在既定的价值体系和制度安排下达到目标的手段。而电子政务的意义和功能并非仅仅由信息通讯技术本身所决定，而是由信息通讯技术和信息通讯技术所处的政治、社会和文化的环境系统所决定。

---

① 见罗豪才等《软法与公共治理》，北京大学出版社 2006 年版，第 63 页。

第六,通过对欧盟电子政务政策制定与实施机制的分析,提出了一些对我国电子政务政策制定和实施机制的建立和完善有一定参考价值的建议和意见。

1.6.2　创新之处

研究的创新之处主要体现在:

第一,拓展了一个全新的视角。从欧盟电子政务政策制定和实施机制的角度研究欧盟电子政务发展中的问题。从政策发展过程的主要环节分析了欧盟电子政务政策制定、实施和评估的过程、特点。

第二,所采用的研究方法有一定突破。在欧盟多层次治理的背景下,将欧盟电子政务政策作为一个大的案例进行分析,同时将公共政策过程的每个环节作为主要研究的对象,详细阐述了电子政务政策在每个环节中的具体过程,揭示了电子政务政策形成和发挥作用的规律性。

第三,相关结论有一定的突破。如笔者认为,通过对欧盟电子政务政策机制研究,充分证明电子政务的发展不仅受到政治的影响而且也通过政治赋予其意义。电子政务是在既定的价值体系和制度安排下达到目标的手段,电子政务的意义和功能并非仅仅由信息通讯技术本身所决定,而是由其所处的政治、社会和文化的环境系统所决定。再如笔者有关欧盟电子政务政策制定与实施机理、规律的概括,也突破了一部分既有的传统认识,有一定的创新性见解。

2 欧盟电子政务政策的功能分析

欧盟电子政务政策是指欧盟为了有计划地处理成员国电子政务事务、问题所制订的各种决定、指令、规章、行动方案等法律和规范。欧盟电子政务政策一直以来是信息社会政策中的子政策，但在 2006 年开始制定了单独的电子政务政策，其标志是这一年发布的《i2010 电子政务行动计划》。欧盟之所以如此重视电子政务政策的发展，是因为欧盟电子政务政策在欧盟经济发展和社会进步中发挥着重要作用。欧盟电子政务政策是欧盟电子政务发展的方向标，也是欧盟达到里斯本峰会的战略目标——促进经济增长和提高就业率的重要治理工具。另外，民主"赤字"一直是困扰欧盟发展中的重要问题，电子政务政策也同样担负着改善欧盟民主状况，推动社会进步的重任。欧盟在电子政务政策内容的设计和执行上，渗透了更多的民主因素，主张提高民主参与率，特别注意以数字鸿沟治理为契机弥补民主鸿沟。政治一体化是欧盟发展的远大理想，有效的电子政务政策不仅促进了成员国政府组织的革新，实现欧盟各个成员国之间电子服务一体化，而且为欧盟政治一体化奠定了一定的基础。

2.1 推动经济增长

欧盟电子政务政策的首要目标是发展经济。而欧盟电子政务政策通过几年来的实践，确实获得了成功。在欧盟电子政务政策的推动下，各个成员国的电子政务朝着积极的方向发展。意大利实行的公共服务电子采购计划仅 2003 年就节省了 32 亿欧元的资金，欧盟各国在这方面平均节省了 34％。葡萄牙通过使用电子公共采购计划节约了 30％的资金①。欧盟各国政府采购额占 GDP 的 15％，每年共约需要 15 000 亿欧元。各成员国承诺到 2010 年实现 100％或至少50％的采购在线化，预计每年将节省 400 亿欧元②。正如信息社会和媒体委员维维安–里丁所言："欧洲在过去几年对电子政务进行的投资，目前已经开始看到切实的收益，但还需要在互相学习经验上更为积极主动，并争取在跨国界的共同方法的采用上获取更多的收益。电子政务不再

---

① 转引自《欧盟力争 2010 年实现电子政务》。http：//www. dqrs. cn/show. aspx? id＝353&cid＝68（检索日期：20071128）

② http：//www. newlab. com. cn/Article/17150. html（检索日期：20071210）

是一个政治游戏,它是政府的一个主要的工具,用于推动欧洲公共管理的进一步现代化。"①

欧盟电子政务政策的有效推行对经济发展做出很大的贡献,这不得不归功于欧盟对经济增长的重新认识。经济增长问题一直是困扰欧盟的重要问题。与美国相比,从 2000 年到 2004 年欧盟 15 国 GDP 增长平均水平是 1.4%,而美国是 2.5%。据统计,自从 20 世纪 70 年代欧洲就开始在单位资本的收益和生活水平方面落后于美国。世界各国普遍认为美国经济的持续发展归功于 20 世纪 90 年代信息通讯技术的生产和应用。面对欧盟的低经济增长率和高失业率,在 2000 年 3 月,欧盟召开里斯本峰会,确立了一个宏大的目标,即要让欧洲 2010 年在世界上变成最具有活力和竞争力的知识经济社会,促进欧洲经济可持续增长,创造更多更好的就业机会,使欧洲社会更具有凝聚力和更加注意环境保护。为了实现这一目标,欧盟制定了一系列的行动方针和行动方案,合称"里斯本"战略。"里斯本"战略中一项重要的内容是制定欧盟电子政务发展的策略和方案。当然,推动经济增长,也就成为欧盟电子政务政策的重要目标。

长期以来人们把资本积累和人口增长作为经济增长的主要因素。从亚当到索洛,都把资本和劳动力增长看做是经济增长的主要动力。在这些经济学家的理论中都没有把技术因素当作经济增长的主要因素之一,直到 20 世纪 50 年代的中期,罗伯特·索洛在他的经济增长模型中,又称新古典经济增长模型,突出了技术进步的重要作用,并把技术进步看做是保持经济增长的最终推动力。② 1965 年乌扎华在《国际经济评论》杂志上发表论文《在一个经济增长的集合模式中的最优的技术变化》,他认为技术进步的速度主要取决于现有的技术水平和教育部门的资源配置。③ 进入 20 世纪 80 年代后,以信息技术与生物技术为核心的高新技术产业化浪潮从根本上改变了社会经济发展的局面。加快科学技术成果从大学和政府机构向工业企业的转移成为各国经济政策的核心问题。理论界也开始重新审视科学技术在经济增长中的作用,新经济增长理论在很大程度上反映了这种变化。

经济增长是由多种因素混合而成,人们强调技术作为经济增长主要因素之外,而忽略了一个重要的因素,即制度。正如 1971 年,库兹涅茨在接受诺贝尔经济学奖时,在题为《现代的经济增长:发现和思考》的演讲中指出:"一个国家的经济增长,可表述为在一个长时期内为其居民提供种类越来越多的经济产品的能力。这种日益提高的能力基于不断进步的技术,以及它所要求的制度和意识形态上的调整。"技术进步不仅是影响经济增长的重要因素,制度因素也是一重要方面。历史经验和事实证明,制度对经济增长具有不可低估的促进作用。在一些情况下,即使没有重大的技术进步,制度因素的有利变化有时也会促进经济增长。新制度经济学的重要代表诺斯认为:"技术本身并不能用来说明一系列长期性变化,因为技术没有发生过具有深远意义的变化,或者说技术变化没有带来实现其潜力所需要的那种最根本的组织变化,而有效率的经济组织是经济增长的关键。"④在诺斯和托马斯合著的《西方世界的兴起》一书中,他们认为:创新、教育、规

---

① http://www.cnss.cn/fwzx/xm/dzsb/200609/t20060912_25757.html(检索日期:20070907)

② [美]索洛《经济增长论文集》,北京经济学院出版社 1989 年版,第 16 页。

③ H. Uzawa, "Optimum technical change in an aggregative model of economic growth." International Economic Review, vol. 6, 1965, pp. 18-31.

④ [美]诺斯《经济史中的结构与变迁》,上海三联书店 1994 年版,第 32 页。

模经济和资本积累这些只是经济增长现象本身,并不是真正的经济增长原因。"除非现行的经济组织是有效率的,否则经济增长就不会简单地发生"。① 1997 年诺贝尔经济学奖获得者威廉·阿瑟·刘易斯也指出,经济要素是经济增长的直接原因,制度是直接原因的原因。②

可以说经济增长理论中两次突破,一次是将技术进步融入经济增长的要素中,另一次是将制度因素纳入到经济增长的重要问题。这两次重大的突破,使人们认识到经济增长是多种因素综合作用的结果,它无法脱离当时的劳动、资本及土地、技术和制度等因素的束缚。而技术进步和制度安排是现代经济增长的重中之重,二者之间的相互作用是经济增长和社会发展的根本保证。

正如前文所言,技术进步和制度是经济增长的重要因素,那么制度形成的主体政府如何形成、使用、改变制度和技术也对经济的增长产生重大的影响。欧盟认为公共政策在提高竞争力和经济增长中扮演着重要的角色,首先,公共领域在整个经济中占有很大的分量;其次,政府的组织和功能对私营领域生产率也会产生影响。正如《电子政务在欧盟未来中的作用》一文中所言:公共领域在提高公民福利、保证社会经济凝聚、支持有竞争力的环境方面扮演着重要的角色。③ 欧盟面临着很多的挑战,信息通讯技术可以帮助欧盟的公共领域应对这些挑战。但是,重点不是信息通讯技术本身,而应该是通过信息通讯技术为经济增长创造良好的环境,即使用信息通讯技术结合政府改革,优化民主进程,提高公众服务的水平,在这个过程中欧盟的电子政务政策作用显著。欧盟制定有效的电子政务政策,通过信息技术革新政府,促进政府机构之间信息资源共享,放松政府管制,节约费用,提高政府的效率和竞争力,为欧盟经济的增长创造良好的环境。

2.1.1 促进信息资源共享

信息资源共享是欧盟电子政务政策发展的重要目标之一。为了促进欧盟和成员国以及成员国之间行政机构、企业、个人之间信息资源共享,欧盟在 1999 年颁布了 1719 号和 1720 号《跨欧洲网络行政机构之间电子数据交换项目决定》(IDA 项目),该决定后来于 2002 年做了修改和补充。欧盟又于 2004 年建立了 IDA 的后续项目,即《实现公共行政机构、企业和公民互操作传递的泛欧洲电子政务服务决定》(IDABC 项目决定),欧盟行政机构之间电子数据交换项目历时将近 10 年,取得了一定的成就。一方面由于 IDA 和 IDABC 政策的执行,通过协同的操作平台,使成员国的网上采购成为可能。2004 年欧盟颁布公共采购指令,为公共采购的电子化制定了具体的措施。该指令要求各个成员国 2006 年 1 月 31 日能够将指令转化成成员国国内法,并要求各个成员国国内法要与新的法律框架相匹配。电子采购指令致力为所有的商家提高公开、公平竞争的环境。为了防止在公共采购中的障碍,非歧视、一视同仁和技术的协同性成为在交易中的根本原则。另外,该指令还要求各个成员国在电子招标过程中必须符合欧共体的 1999 年的 93 号电子签名指令的规定④。欧盟的采购在整个公共支出中占很大的比例,因此电子采购节省了大

---

① [美]道格拉斯·诺斯、[美]罗伯特·托马斯《西方世界的兴起》,华夏出版社 1999 年版,第 45 页。
② [英]W·阿瑟·刘易斯《经济增长理论》,上海三联书店、上海人民出版社 1994 年版,第 56 页。
③ Commission of the European Communities, eGovernment For Europe Future, Brussels, 2003.
④ Commission of the European Communities, Action Plan for the Implementation of the Legal Framework for Electronic Public Procurement, 2004.

量的费用,据估计到 2010 年,欧盟每年被节省的采购费用将会达到 400 亿欧元①。

另一方面,IDA 项目和 IDABC 项目的实行成为欧盟成员国之间数据交换的"脊梁",打破了成员国政府之间的物理分割,促进成员国之间数据的共享和信息的交换,增加了政府工作的透明度,并且欧盟通过电子政务良好实践政策框架的实施,促进"良好实践"在各个成员国衍射,为经济增长创造良好的交易环境。

从制度经济学的角度来看,制度通过提供一系列规则界定人们的选择空间,约束人们之间的相互关系,从而减少环境中的不确定性,减少交易费用,保护产权,促进生产性活动;并且制度可以有效地整合生产要素,有效的制度可以最大限度地发挥生产要素的整体功能。欧盟行政机构之间的数据交换政策,为成员国数据之间的整合提供基础平台和政策支持,有效地促进了信息资源共享,增加了政府的透明度,也大幅度地减少了商家的交易费用。正如 1981 年诺斯在他的《经济史中的结构与变迁》中认为知识存量的累积对于政治和经济制度的长期变迁起了潜移默化的作用。欧盟电子政务政策的目标之一是使公民和企业了解政府的决策过程,了解各种税收、支出的情况,为企业和公民知识的积累创造条件。并且电子政务赋权于民,这就使政务朝着更加透明、更有责任感和更加开放的方向前进,加强了民主,同时打击了受贿和诈骗等活动。

2.1.2 提高政府效率

欧盟电子政务政策中将提高政府的效率作为政策目标之一,正如在《超越 2005 年的电子政务建议》一文中所强调的那样:"有效率、高质量的公共服务是经济增长的根本,将会在欧洲创造更多的就业机会和增加社会的凝聚力。"②欧盟是一个庞大的官僚机构,欧盟政府公共支出数额巨大,在 GDP 中所占的比重也非常高。在 2003 年就已经达到了欧盟 15 国 GDP 的 49%,这个比例在日本是 40.2%,美国是 34.2%。就欧盟每一个成员国来说,政府消费水平的差异是很大的,捷克是 65%,瑞士是 58%,丹麦是 56%,法国是 55%,在波罗的海国家(爱沙尼亚、立陶宛和拉脱维亚)和爱尔兰最低是 34%—36%。欧盟 15 国整个公共消费的主要支出是社会保障,占了整个 GDP 的 19%,这是欧盟区别于美国和日本(公共消费在社会保障上的支出分别是 GDP 的 7% 和 10%)的主要特征。③

欧盟如此巨大的行政支出,对其效率提出了非常高的要求,因为只有高效率才能节约社会交易成本,为经济增长作出贡献。事实上,在公共领域的产出效率对于整个社会生产率的提高来说是非常重要的。如果效率无法提高,就会对其他领域经济的发展产生阻碍,因为企业、个人与政府的交易费就会很昂贵,影响私营领域的生产率,增加税收负担。欧盟电子政务政策通过使用信息通讯技术,促进政府机构的改革,简化各个政府流程运作的手续,提高政府的办公效率,减少了政府间以及政府和公民、企业之间的交易成本,这本身就对经济增长作出了贡献。例如比利时政府和荷兰政府通过网上咨询,让公民和企业帮助政府提高效率。通过这种方式,比利时政府已经意识到有 119 个行政程序需要简化,其中 55 个已经在简化当中。在 2007 年,荷兰政府通过电子

---

① 转引自《欧盟颁布电子政务行动计划确定 2010 年建设目标》。http://www.e-gov.org.cn/news/news004/2007-06-22/63412.html(检索日期:20071123)
② CoBrA,eGovernement beyond 2005:Recommendation for Modern and Innovative Public Administrations by 2010,Brussels,2004.
③ 同上。

政务平台与企业和公民交流,企业和公民帮助政府制订了减少企业行政负担25％的计划。[①]

2.1.3　提升政府竞争力

欧盟电子政务政策另外一个重要目标,就是提高政府的竞争力。每年联合国电子政务准备度的报告,将"政府网站建设现状"、"信息基础设施建设"以及"人力资源素质"3个方面作为衡量各个国家政府竞争力水平的重要指标。欧盟电子政务政策特别是信息资源共享政策、数字鸿沟平衡政策、信息基础设施方面的政策,都是致力于提高政府整体的竞争力。"具有竞争力的政府"最早来源于美国,原意是通过在公共服务领域注入竞争力提高政府的效率。欧盟对有竞争力政府的定位,主要是要求政府具备稳定提升公共服务质量的能力,使政府提供的各种服务有效率、有质量保证。在这个意义上,a)一个具有竞争力的政府对于纳税人来说就是提供具有合理的税率和更具有责任感,特别是要求政府做出有责任感的选择和保护弱者;b)具有竞争力的政府应该能增加一个城市、一个州、一个地区、一个国家以及公民和企业的价值;c)具有竞争力的政府需要保持对公共支出增长的控制,这种控制一方面不会造成将来社会福利大幅度的减少,同时也不会增加社会的负担。[②]

欧盟电子政务政策确实显著提高了政府的竞争力。首先,它有力地减轻了政府的赋税负担,使税率有所降低,令公众感觉政府更有社会责任感;其次,它大幅度节约了对现代社会最为宝贵的社会资源,使社会公众通过享受更节约时间资源的电子服务,降低了自己的时间成本,从而提升了自身的价值。例如电子税收的使用,每年已经节约了欧洲公民七百万小时。这一项目如果广泛地用于成员国,每年将会节约公民的时间累计达到十亿小时。这种时间的节约是电子公共服务高度满意的驱动器。通过调查也显示:90％的用户宣布感谢高质量的电子服务,60％的用户非常满意这些服务,77％的用户表示将会把所用的网上服务推荐给其他的用户。[③]

2.2　促进民主发展

"民主赤字"一直是困扰欧盟的一个重要问题。这种赤字反映了公民对欧盟和成员国政府严重的信任危机。例如在2001年在韦明斯特公选中平均总有效的投票率只占选区的59.4％,而在1997年则是71.5％,显而易见在英国选举参与率与日俱减,这表明传统的民主过程并不能很有效地影响人们参与的积极性。[④]英国IPPR[⑤]指出:"毫无疑问我们现在的低选民率,是对党派忠诚度的下降和对政治阶层的轻视。公民对政治的低参与率削弱了选举机构政府的权威性。"[⑥]

---

① IDABC eGovernment Observatory, the Impact of e-Government on Competitiveness, Growth and Jobs, Background Research Paper, February 2005.

② IDABC eGovernment Observatory, the Impact of e-Government on Competitiveness, Growth and Jobs, Background Research Paper, February 2005.

③ 同上。

④ http://www.economist.com/surveys/showsurvey.cfm? issue=20030125(检索日期:20071218)

⑤ 英国工党政府的"智囊团"公共政策研究协会。

⑥ IPPR, Public Value and E-Government, 2004.

哈佛大学的政治学家约瑟夫·奈(Joseph Nye)在美国和西欧做了大量的关于传统民主体制和政治家信任程度的调查,在所调查的国家中都会发现公民对政治领导人信任程度下降的趋势,同时在调查中也发现人们对于权威人士信任度普遍下降,包括教授、医生和其他职业者。另外,在许多国家也出现比过去更低的公民投票率,例如在英国 2002 年的公选中仅仅有 59.7％的投票率,尤其在 30 岁以下的年轻人中投票率更低于 30％。① 在欧盟由于官僚体制和人口的差距所产生的民主赤字如此严重,这也就难怪欧盟要把进一步推进民主视为棘手问题。②

面对这种严重的民主赤字,欧盟希望通过发展信息化,特别是通过发展电子政务改变现状。在 2001 年,欧盟委员会开展了"互动政治决策"(IPM)项目以改进欧盟(EU)的政府工作。通过网站"欧洲之声"③,收集并分析公民和企业观点,以评估现有的欧盟政策并就新计划与公民磋商,旨在推动欧盟政治决策的透明性、全面性和高效性,使公民在政治决策流程中发挥积极作用。有名的电子民主专家和领导者斯提文·科利福特认为:"互联网可以用来提高民主过程,并且提高个人和社区与政府交流的机会和为政府寻求来自社区的投入。"④他认为电子民主的特征是它提供给公民在任何时候都可参加讨论的机会,这种参与不受地理、身体残疾等的限制,有利于促进信息的有效利用,特别促使以前并不可能包括在内的个人和群体有效地利用它们。⑤

如何促进民主的发展既是欧盟政治也是欧盟电子政务政策的重要议题。欧盟通过电子政务政策,例如电子普遍服务政策、宽带政策、地区平衡政策比较有效地改善了民主状况。

2.2.1 电子普遍服务政策

欧盟信息 2010 的行动方案指出,通过信息通讯技术实现普遍服务是欧盟电子政务政策的重要目标之一。电子普遍服务政策主要包括 3 个方面:a) 指个人和社区通过信息通讯技术有效地参与到以知识为基础的社会和经济的各个方面,尽可能地扫除各种可能面临的障碍,并且从中收获有益的社会价值;b) 在社会各个方面制定有助于平等和提高公民参与率的政策;c) 电子普遍服务政策重新界定了数字鸿沟的定义,明确指出数字鸿沟是那些增权的人们和没有增权的人们之间的鸿沟。增权理念的提出是对原来数字鸿沟概念的延伸,增权的人们通常有能力参与到信息、知识和经济社会当中,而处于贫困无法增权的人则很难加入到信息社会。根据统计发现,在 1997 年到 2002 年信息通讯技术的整个渗透率有大幅度的提高,但是数字鸿沟并没有缩小。这说明数字鸿沟并不仅仅是信息通讯技术的渗透问题,更重要的是在更多的人群尤其是在弱势群体广泛普及使用的问题。

欧盟的电子普遍服务政策强调给弱势群体增权,是对信息社会中民主赤字认识的进步。那么什么是增权(empowerment)呢? 增权又称赋权,对增权的解释有以下几种:第一种解释是指个人、组织或社区从内部挖掘潜能,或从外界获得力量的过程。主要是提高掌握自己生活的能力,改善社会的资源分配状况。这一概念强调了增权的过程可以通过自身也可以通过其他人共

① The Independent,London,UK,July 2001.
② Runaway World:the Reith Lectures revisited 19 January,2000.
③ http://europa.eu.int/yourvoice.
④ democracy online,http://www.dcwire.org.(检索日期:20071215)
⑤ 同上。

同获得,增权的结果一是提高个人掌握生活的能力,二是改善和重新调配资源的分布;第二种解释是指在个人和集体层面的权利转移过程中,由本来没有权势的个人或群体,通过争取的过程而获得权利。这个过程中,人们的意识及能力都得到提升,除了能够控制自己的处境外,更能对"权"的定义和社会公正有更深切的了解,因此能够由一个原本从个人利益出发的立场,提升到利他的,争取社会公正的较高层次的目标。① 这个过程中,强调个人或全体通过自身的争取而获得的权利,更强调增权的结果是个人意识发生改变,个人价值观要从利己主义过渡到利他主义;第三种解释是指在社会中具有足够影响力的团体及个人,用特殊的策略以减少、消除、抵抗和扭转由强势团体所赋予的负向价值。② 这一概念强调的是有足够影响力的团体及个人对抗社会强势团体标榜的负向价值,其意义在于最大限度地挖掘处于弱势地位团体的潜力。

虽然在增权这一概念的解释侧重点有所不同,但通过归纳可以得出增权 3 个层面的意义:首先,对个人而言,指个人权利意识的觉醒,即个人提升了自我形象以及认识到自己有权;其次,从人际关系方面来说,指在个人与他人交往过程中能够掌握一些人际关系处理的技巧,这同样也属于个人能力提高方面;最后,从政治角度来看,强调了社会资源的重新分配,这种资源的转移直接受益者无疑是相当一部分的弱势群体,这对于实现社会的公平与正义而言,当然是有利的。③

欧盟电子普遍服务政策重视给弱势群体增权,产生积极的作用有:a) 通过普及信息通讯技术的使用,防止弱势群体落后于信息社会;b) 通过开发新的数字技术,创造更多的就业机会,提高公民的生活质量,减少贫穷;c) 利用信息通讯技术,增加公民主张权利的渠道,加深和拓宽公民社会资本,促进公民积极参与到民主的过程中来。可见电子普遍服务政策致力于挖掘信息技术的潜力,促进知识经济社会的发展,确保所有人尤其是残疾人不被排斥在社会之外。

通过信息通讯技术普及服务的思想贯穿于欧盟电子政务政策的各个方面:在电子欧洲第六框架中涉及参与知识社会的问题中,设有专门的电子普及服务政策;在电信设备利用标准和技术标准主体的指令中体现得更加充分;关于满足低收入和残疾人中的普遍服务指令中规定得愈发具体;处理公共采购问题的内部市场政策同样体现了普遍服务思想。

这种电子政务政策的精神还在更大范围的欧盟政策中有所体现。比如欧盟一般社会政策、就业政策、教育政策、卫生健康政策等。欧盟电子普遍服务政策被称为弥合人群和地区鸿沟的桥梁,特别是在消除社会排斥、歧视等方面,作用显著。

2.2.2　宽带普及政策

欧盟宽带普及政策包括宽带基础设施的建设和用户宽带的接入两个方面。为了促进宽带发展,欧盟将宽带的发展纳入到整体民主发展战略当中,于 2004 年 6 月制定了《高速连接欧洲:国家宽带战略》,该政策指出,市场是推动宽带接入增长的一个主要因素,在市场本身不能起作用的

---

① 见傅忠道《社区工作基础知识 1000 答》,中国青年出版社 2001 年版,第 41 页。
② 见孙立亚《社会工作导论》,中国财政经济出版社 1999 年版,第 265 页。
③ http://jiajiehuang.bokee.com/375654.html(检索日期:20070910)

情况下,公共政策可以作为有效的补充,运用公共政策刺激宽带的供应和需求①。总体来说,在城市地区,宽带的发展主要向市场开放,通过市场的竞争来促进宽带业的发展。而在欠发达地区和农村地区,一方面通过政府适当的干预政策,例如通过国家援助计划、结构基金等措施帮助那些欠发达地区和农村地区发展宽带,同时也不排斥市场的自由竞争扩大宽带业发展的渠道。

第一,国家援助计划。欧盟有专门的国家援助计划,在欠发达地区增加政府的公共干预,根据地方机构和工业的主要需求,分析和实施援助计划。目前有许多在农村和偏远地区铺设宽带的项目已经在欧盟通过。如意大利政府在 2003—2004 年提供 5 700 万里拉的公共资金支持宽带接入。英国在国家宽带战略中提出,到 2006 年前,英国将为增加宽带接入提供 1 亿英镑的公共资金支持。

第二,结构基金。欧盟结构基金是欧盟为实施地区政策,缩小欧盟不同地区之间的发展差异,促进其经济和社会的统筹发展,从预算中拨款设立的基金。在 2003 年的结构基金指南中也强调为了减少竞争的扭曲和保持技术的中立性,结构基金用在没有得到服务的地区,在地理位置偏远和人口密度很低的地区增加宽带的覆盖率,建立新的基础设施和更新现存的不可持续的基础设施。欧盟通过开展"消除数字鸿沟快速启动"项目(Digital-Divide Quick-Start)、运用结构基金等方式促进农村和边远地区的宽带接入和应用。

第三,积极传播成员国的良好实践,促进成员国之间经验的交流。欧盟委员会通过建立网站刺激良好实践交换的方式,促进需求的增加。欧盟在 2005 年 7 月发布的《数字鸿沟论坛报告:宽带接入与未服务领域的公共支持》征求意见稿中提出建立一个专门的网站,欧盟通过该网站,发布推动宽带发展有关的政策与信息,包括法律、法规、成功案例等,同时,还发布未能提供宽带服务区域范围的信息、需求评估、解决数字鸿沟的计划以及招投标信息。另外,欧盟委员会还通过该站点进行需求调查、促进成员国之间的信息交流,加快缩小数字鸿沟的速度。网站是信息中心,是发布招标和提供一站式服务的平台。网站也成了供应商和地方政府之间的虚拟会议的桥梁。网站还帮助人烟稀少的地区协调宽带的需求和确定解决技术问题的方案,例如通过卫星设施可以大幅度地提高宽带覆盖率。

第四,积极促进农村地区信息化的发展。为了更好地支持人口稀少的边远农村地区的发展,欧盟委员会在 2005 年 7 月 5 日发布的《2007—2013 年农村发展的社区战略指南建议》中提出,要大力推进农村地区的信息技术应用,尤其是要通过多种手段为新加入的成员国和农村边远地区提供可支付的信息基础设施服务。另外,还运用欧洲农业基金支持欧洲农村地区在 2007—2013 年的发展。其目标是更好地理解农村的需求和提高农村地区使用信息通讯技术的机会,促进农村发展的意识,在农村社区利用信息通讯技术基础设施和宽带创造更多的发展和就业机会,促进结构基金和农村发展基金之间的合作。

第五,通过电子政务促进网上公共服务的发展。在欧盟《高速连接欧洲:国家宽带战略》

---

① Commission of European Communities, Connecting Europe at High Speed: National Broadband Strategies, Communication from the Commission to the Concial, the European Parliament, the European Economic and Social Committee and Committee of the Regions.

一文中指出,在刺激宽带的需求方面,重点是拓宽电子政务、电子医疗、电子教育等领域的需求,通过扩大企业和政府部门的应用服务、发展网上业务以及提高网络的安全性等方式来刺激对宽带的需求。公共服务的创新可以刺激用户的需求和促进偏远和农村地区基础设施的建立。网上公共服务的发展是刺激和满足宽带需求的强有力措施。成员国和地区级别灵活的政策促进了公共机构、学校和卫生中心网络的连接并建立了大量的用户群,有效刺激了用户对宽带的需求。

宽带的发展对于经济和民主的发展带来很多好处,包括促进了就业、企业的发展、经济的增长和民主参与率的提高等。宽带经济尤其对于偏远的农村来说意义更大,通过信息通讯技术可以减少距离的劣势,促进农村地区经济的发展和就业率的提高,同时还有助于弱势群体参与民主管理和决策。

2.2.3　地区平衡政策

欧盟东扩,新的成员国不断加入,欧盟的地区平衡出现比较严重的问题。在 2004 年 5 月 1 日 10 个新的成员国加入欧盟,它们分别是:塞浦路斯、捷克、爱沙尼亚、匈牙利、拉脱维亚、立陶宛、马耳他、波兰、斯洛伐克共和国、斯洛文尼亚。另外,保加利亚和罗马尼亚在 2007 年也已成为欧盟的成员国,土耳其也在努力成为欧盟的会员,新成员国的加入意味着欧盟的人口将会增加 7 500 万,并且它们都是比较落后的国家,通讯基础设施落后,存在严重的数字鸿沟,制约着欧盟整体的发展和民主进程。当然,东扩前欧盟就将以上问题进行了深入的探讨,为了能够使新的成员国家尽快地加入欧盟一体化进程中,缩小这些地区的数字鸿沟,促进欧盟经济和民主的整体发展,欧盟于 2000 年在 Feira 提出了《2003 电子欧洲附属行动计划》的创意,这是欧盟重要的电子政务政策之一,其核心内容是加速欧盟新成员国和候选国家的经济和改革,提高社会的竞争力和凝聚力[①]。电子欧洲附属行动计划的协调由联合高级委员会负责,联合高级委员会由欧盟、候选国家和加入国家的代表组成。同时,由加入国家和候选国家统计机构组成统计工作组,负责数据的收集、分析以及解释工作。这个工作组受到联合高级委员会直接领导。为了能够使欧盟 15 国的电子欧洲和电子欧洲附属计划有可比性,加入国家和候选国家同意使用欧盟 15 国同样的指标来衡量电子欧洲附属计划的进步,新成员国和候选国家的有关机构与欧盟的成员国紧密联系在一起,为调查的方案达成一致的意见。

为了更好地完成这个计划,欧盟利用每一个国家的国家预算、私人的投资以及国际金融机构等获得资助,例如欧洲投资银行(EIB)、欧洲建设和发展银行(EBRD)、世界银行等。另外,利用 PHARE 项目(又称灯塔项目)[②]支持经济和社会的凝聚政策,也为电子欧洲附属行动计划提供了资助。通过 PHARE 的项目为候选国家的电子欧洲附属计划的组织和后勤以及调查投资了 340 万欧元[③],促进了这些地区的通讯基础设施和经济的发展。经过几年电子欧洲附

---

① EU, eEurope＋2003 Progress Report, February 2004.
② 灯塔项目是由欧洲联盟倡议,其目的是帮助中欧国家加入欧洲联盟,重回主流的欧洲发展。
③ EU, eEurope ＋2003 Progress Report, February 2004.

属计划的实施,候选国家和新加入国家的数字鸿沟在不断地缩小,促进了这些地区的经济和民主的发展。

首先,欧盟在 1998 年完成了电讯改革,但是新加入国家和候选国家的电讯市场仍旧处于垄断阶段,电子欧洲附属计划执行后,大多数新加入国家和候选国家将有关信息社会的指令,例如,信息社会的相关权利(2001 年共同体法第 29 条款)、电子商务指令(2000 年共同体法第 31 条款)、信息社会服务的定义(1998 年共同体法第 34 条款)已经转化为新加入国和候选国家的国内法。而且,大多数的新加入国家和候选国家已经将电子签名指令(1999 年共同体法第 93 条款)、电讯领域的个人数据的处理和隐私的保护指令(1996 年共同体法第 66 条款)转化为国内法。通过借鉴欧盟 15 国的经验,直接套用这些指令,促进了电讯市场的所有权的分割和重建,有助于建立独立的法规司和调整了新加入国家的电讯市场的发展,对新加入国家和候选国家电讯的自由化作出了贡献。

第二,新加入国家和候选国家的电讯基础设施的发展取得了很大的进步。目前塞普路斯、捷克、马耳他和斯洛文尼亚这些国家的电讯基础设施已经完全数字化。立陶宛、土耳其、匈牙利电讯基础设施数字化已经超过了 90%。[1] 在保加利亚进步比较缓慢,只有 34% 的基础设施数字化,虽然有些大城市基础设施数字化达到 100%[2],而在一些农村地区仍旧使用旧的通讯基础设施。

第三,新加入国家和候选国家的电脑渗透率在不断提高,例如,马耳他、斯洛文尼亚和塞浦路斯的电脑渗透率已经接近欧盟 15 国。但是其余国家电脑的渗透率仍旧很低,其至有些国家的电话普及率还很低,例如爱沙尼亚和立陶宛的调查数据显示,8% 的大都市家庭没有电话,15% 的小城市家庭没有电话,23% 的农村家庭没有电话,总体来说,46% 的家庭没有电话[3],这是因为这两个国家固定线路的基础服务还很不完善。

第四,宽带的普及还需要时间。虽然有些国家的宽带渗透率已经很高了,马耳他宽带的家庭普及率达到 60.9%,企业的宽带普及率达到 78%[4]。斯洛文尼亚家庭的宽带渗透率是 34%(2006),企业的宽带渗透率是 75%(2006)。但是,根据对罗马尼亚 2004 年的统计,企业使用宽带只有 7%,家庭利用互联网的只有 6%(2003 年)。[5] 这种现象反映了缩小成员国之间宽带之间的差距还有待时日。

欧盟非常重视区域之间的平衡发展问题,欧盟 2003 电子欧洲附属行动计划的实行,极大地促进了落后国家电子政务基础设施以及公共服务的发展,对于落后国家参与到欧盟整体的民主进程来说具有重大意义。虽然有些国家电子政务的发展还处于起步阶段,但是通过汲取发达国家先进经验,落后国家可以取得"跨越式"发展。

---

① eEurope＋2003 ProgressReport,February2004. http://ec. europa. eu/information _ society/eeurope/2005/doc/all _ about/benchmarking/eeuropeplus_progress_report. pdf.

② 同上。

③ 同上。

④ EU,European Communities Government in Malta,Sep. 2006.

⑤ IDABC eGovernment Observatory,E government in Romania,September 2006.

2.3　实现"泛欧洲"情结

　　泛欧洲的思想起源于 1923 年奥地利公爵理查德卡武登豪·卡尔亥金（Kaudenhove-Callhergi）出版的《泛欧洲主义》一书，第一次提出了要根据美国的模式建立一个"欧洲合众国"的思想。泛欧洲主义思想是达到欧洲政治一体化过程的一种模式，在今天看来，欧盟只能算是经济一体化的实体，而远远没有达到政治一体化的目的。欧盟电子政务政策的目的之一就是要利用信息通讯技术实现全欧洲范围内的"泛欧洲"服务，在成员国之间实现互联互通，打破行政机构、企业和公民之间的壁垒，实现欧洲服务一体化。而欧洲全民服务一体化没有政治一体化作后盾是不可能实现的，虽然欧盟政治一体化的实现还需要一段时间，但先以电子政务政策为突破口，跳出各个国家政治体制的限制，通过信息技术实现各个成员国政府之间互联互通，再去改变后台服务体制的问题则是可行的。这一点实际上也是欧盟电子政务政策中具有特色的地方。

　　欧盟在实行行政机构之间的数据交换项目（IDA）之后，在 2004 年欧盟委员会和理事会公布了实行《行政机构、企业和公民泛欧洲电子政务服务互操作性的决定》（即 IDABC），IDABC 项目是 IDA 项目的后续，但是它不再仅仅是行政机构之间交换信息服务这么简单，而是使用信息通讯技术提高和促进跨国机构之间的合作和公民社会的交流。欧盟意识到如果不提高欧洲公共行政机构之间的合作，经济增长、安全的保证、就业率的提高和环境的稳定将会很难达到。欧盟的泛欧洲的电子服务担负着这样一种历史使命，它就是要保证所有的公民、企业和行政机构无论在何时、何地，不管这些服务、信息以及文件是由谁负责，通过欧盟公共机构"泛欧"无缝式服务机制就可以使公民获得所需要的服务。这就意味着：在欧洲公民和企业中，尤其是与成员国公共行政机构电子化交流的需要将会大幅度增加；泛欧洲电子服务的发展将会与单一市场的目标一致，即促进欧盟市场的"四大自由"[①]；泛欧洲政府的电子服务通过网上多渠道的方式可以满足成员国之间的多种需要[②]。IDABC 项目有 3 个目标：a）继续在政策允许范围内引进和利用信息通讯技术；b）在行政机构之间建立共同的跨国界信息交流基础设施，保证跨国交流的快速、便捷和有效；c）在前两个目标的基础上，支持建立和发展为企业和公民提供泛欧洲电子政务服务。

　　IDABC 项目内容分为两个部分：首先是关于跨行业电子政务项目，也就是以行业为基础建立泛欧洲的电子政务服务。主要是在健康、消费者保护、就业、交通和农业等各种领域促进信息通讯技术的使用，促进各个行业领域信息资源的传递和共享；其次是关于跨国界电子政务项目。其目标是建立传递跨国界服务基础设施。其具体的行动方案有：建立跨国界服务传递的组织中心和架构，如关于网络服务和安全中间设备的处理等；在操作和战略层面制定有关基础设施安全方案；制定欧洲互操作性框架和组织纲要，建立相关基础设施和制定互操作性措施等。

---

　　① 　指商品、人员、服务和资本的自由流通。
　　② 　European Commission Director General, Consultation Documentation for a Future Policy Paper on Pan European Government E-services，2002，pp. 2-3.

欧盟电子政务互操作性政策，极大地促进了跨国界、跨行业电子政务服务的发展，为行业和国家之间电子服务普遍化提供政策支持和技术支持，为欧盟单一市场四大自由提供便利条件，也为欧盟政治的一体化提供服务支持。

哈斯认为，"组织的意识形态"在欧盟一体化中具有重要的作用，认为一体化的领导应该从"异质的、不稳定的环境中提炼出来一套共同的目标"，用"这种意识形态要能够说服组织的服务对象、支持者，甚至敌视者，使他们相信环境提出的新的需要和期待只有通过不断调整的目标、组织的加强才能实现"[①]。欧盟电子政务获得长足的发展，是因为欧盟有一套强有力的可以根据需要不断进行调整政策制定和实施机制的"组织意识形态"。

---

① 参见 Ernast B. Hass, Beyond the Nation-state: Functionalism and International Organization，转引自陈玉刚著《国家与超国家：欧洲一体化比较理论研究》，第 211 页。

3 欧盟电子政务政策的制定

欧盟电子政务政策制定必须体现成员国的共同利益和更加广泛的利益集团的利益需求,而不同的利益集团也在从不同的途径和角度影响着欧盟电子政务政策制定。与主权国家比较,欧盟的电子政务政策的制定体现了更为复杂的输入和产出过程。欧盟电子政务政策一般分为硬政策和软政策,硬政策的制定实际上是欧盟电子政务的立法过程,具有严格的立法程序和对决策主体的界定。而欧盟软政策的制定则相对比较灵活,体现更多的柔性特点。欧盟硬政策和软政策在欧盟电子政府政策制定过程互相补充,共同促进欧盟电子政务政策的协调发展。

3.1 电子政务硬政策制定主体的多元性

作为一个超国家组织,欧盟是各成员国利益和矛盾的综合体,欧盟每一项法律和政策的出台都是多方意志不断磨合,多方利益和意见反复协调的结果。特别是随着欧盟成员国数量的日益扩大和里斯本战略的实施,欧盟在决策和执行的各个环节越来越面对着更加广泛、大量和具体的协调。各成员国与欧盟的协调也是多种多样的,因为各方共同认识到,欧盟任何一项法律或政策的出台,对其本国的影响都是非常深远和具体的,所以必须时刻设法根据本国利益和国情预先作出必要的反应,以此来影响欧盟的决策。可以形象地说,欧盟就如同一部庞大的谈判机器,在多角度、多层面的谈判过程中,形成欧盟统一的决策和声音。①

欧盟组织中最重要的有4个机构:一是欧盟委员会。这是欧盟的常设执行性机构,由来自27个成员国的代表组成;二是欧盟理事会。这是欧盟的最高决策机构,由成员国国家总统或总理以及欧盟执委会主席共27人组成。理事会实行轮值主席国制:每个国家任期半年;三是欧洲议会。这是欧盟的议事和表决机构,议员由成员国直接普选产生,任期5年。欧洲议会除和欧盟理事会共享立法权外,还有民主监督权及欧盟预算的决定权;四是欧洲法院。根据《欧洲联盟条约》第230条规定:"该法院监督欧洲议会和欧洲理事会的共同行为,还有欧洲理事会、欧盟委员会和欧洲中央银行的行为以及欧洲议会的行为对第三者之间的法律纠纷的合法性,其中不包括它们提出的建议或评

---

① 转引自《欧盟的协调机制》。http://cepa.nsa.gov.cn/Zxinwen/eWebEditor/uploadfile/2006124142750929.DOC(检索日期:20080131)

论。"在以上4个机构中,涉及欧盟及其成员国协调工作的主要是欧盟委员会和欧盟理事会。

3.1.1 电子政务政策的创意主体

欧盟电子政务政策的创意权来自欧盟委员会,欧盟委员会是欧盟意识的推动者和维护者。有人曾对欧盟委员会作过如下的描述:"在杂乱的国家利益中代表整体利益,并且指明前进的道路,吸引成员国关注可能出现的新的更宏大的前景。"[①]前任欧盟主席雅克·得洛尔也曾经指出,委员会唯一的义务是指明"前进的道路"[②]。欧盟委员会负责实施欧盟条约和欧盟理事会作出的各项决定,并负责向欧盟理事会和欧洲议会提交报告和决议草案,处理欧盟日常事务,代表欧盟对外联系和谈判。在欧盟的共同外交和安全政策方面,有建议权和参与权。欧盟委员会共有15 000多名从各成员国选出的专家,100名至150名专家组组长,27名管理层负责人(chief of cabinet),相对应的也有27名欧盟委员会的委员。每位委员都负责自己所侧重的领域,每位管理层负责人的领域与委员的领域是一一对应的。可以说这是一个分工明确的委员会体系,在这个体系中,各种专业的官僚和专家一起工作。加入欧盟委员会的条件是拥有部门主管权或者具有专业技能,这样才有可能合作和使政策得到落实。[③]

在欧盟内部有关欧盟电子政务政策由两个司负责,即信息社会司和企业司,在信息社会司和企业司分为3个层次,第一层(最低层)即专家层。在这一层设有有关电子政务的各类专家组长,并且由组长负责问题的讨论,对有分歧的电子政务的问题,由组长每周在组长例会上协商和讨论。专家组无法解决的问题,则提交到信息社会总司下属的A司(信息社会战略和电子欧洲司)、C司(组成、子系统,应用司)和D司(通讯网络、安全、软件和应用司)以及企业总司下属的D司(服务、旅游、新技术和工业设计司)(见图、表3-1)。这些司是欧盟委员会和专家组的过渡管理层,负责研究和解决专家们提出的问题或者提出处理意见,提交给负责领域的委员,各司每周一次例会来讨论所要解决的问题。除了信息社会总司和企业总司主要负责电子政务政策制定外,还有地区政策总司和内部市场总司也会涉及电子政务政策,电子政务的发展也关系到地区和信息市场的健全和发展,有助于消除内部市场四大流通的障碍。最高层是委员会层,不同领域的委员将各自的问题,带到每周三召开的委员会讨论。会议要对某一事项作出决定,必须得到所有委员的同意。委员们来自各成员国,从正式意义上说,欧盟委员会的这些委员们都是独立工作的,由欧盟支付工资,对欧盟负责,但实际上他们都会兼顾各自国家的利益。

欧盟委员会的协商和协调过程是开放式的。各国的政府部门和社会组织乃至个人都可以向欧盟委员会提供各种信息,提出问题和建议,形式多种多样,可以通过书面或者发电子邮件的形式反映问题和建议,也可以直接找委员、管理层人员或专家面谈。委员会也随时与成员国的政府部门和社会各阶层接触,一方面会经常派人到各成员国搜集信息,另一方面又在各成员国都设有代表处,各代表处会随时向欧盟委员会反馈驻在国的各方面信息。

①　Neil Nugent, op. cit, p. 141.

②　Desmond Dinan, op. cit, p. 234.

③　http://europa. eu. int/scadplus/leg/de/cig/g4000k/htm(检索日期:20080105)

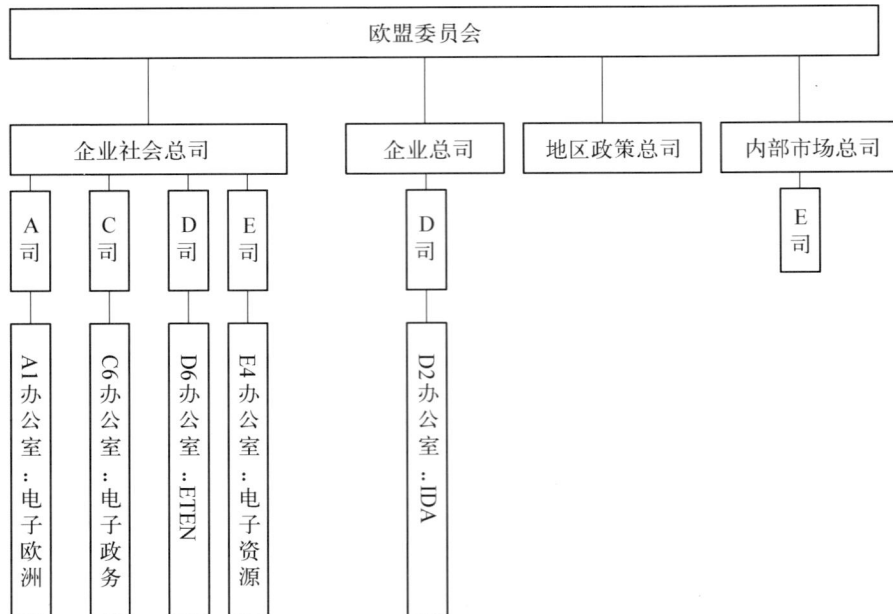

图 3-1 欧盟委员会执行电子政务机构示意图

资料来源：Antovio Alabau：The European Union and ITS eGovernment Policy,2003,p. 203.

表 3-1 欧盟电子政务政策主要执行机构

机 构	目 标	起 源	主要的活动类型
信 息 社 会 总 司			
A 司——负责信息社会和电子欧洲战略	信息社会政策的定位和执行以及电子欧洲创意的发展	前身是 2000 年设立的主管电子欧洲创意的部门，在 2002 年信息社会总司改革，设立了 A 司	负责规划信息社会和电子欧洲战略；通过指标衡量电子政务的进步以及传播电子政务发展中的"良好实践"（即典型案例）
C 司主管电子政务——负责组成、子系统、应用	电子政务以及第五、第六框架的管理	由 1998 年设立的管理行政事务的部门演化而来	第五框架的项目： （1）与电子政务应用相关项目的发展； （2）协调和支持与项目有关的行动 第六框架的项目有： 负责与开发软件相关的项目与活动，以及其他有关的措施

（续表）

机　构	目　标	起　源	主要的活动类型
信　息　社　会　总　司			
D司的D6办公室负责eTEN项目——主管通讯网络安全、软件应用	eTEN项目的管理	由1997年设立主管TEN—电讯的管理部门发展而来	为电子政务建立和发展泛欧洲网络
企　业　总　司			
D司D2办公室主管行政机构之间的行政交换（IDA项目）——主管服务、旅游、新技术、工业设计等	IDA项目的管理	IDA项目开始于1995年，从事IDA项目和IDAII项目的管理	建立和发展行业网络；执行跨国政府数据交换促进服务的发展；以电子政务观察室作为平台，传播信息

资料来源：Antovio Alabau：Understanding the e-Government Policy of the European Union — A comparative analysis with the e-Government policies of some supra national organizations,2003, p. 32.

　　另外，还有两个重要的机构在电子政务提案的形成和制定过程中发挥着重要的作用，即欧盟地区委员会、经济和社会委员会。欧盟地区委员会（CoR,Committee of the Regions）是根据《欧洲联盟条约》于1994年3月创立的咨询性机构，凡涉及与区域有关问题，地区委员会都要参与欧盟的立法过程，以保障区域和地方的利益。欧盟地区委员会是欧盟制定和实施地区政策的重要咨询机构。它的存在有助于在欧盟的电子政务政策制定过程中表达地方利益，对落后国家电子政务的发展至关重要。欧盟地区委员会由来自27个成员国的所有地区的代表组成。欧盟地区委员会就关于欧盟电子政务政策向欧盟委员会或者欧盟理事会提供建议，这些建议有助于欧盟的决策机构作出电子政务发展政策时兼顾到地方代表在地区发展上的看法和建议。

　　经济和社会委员会（ESC,Economic and Social Committee）是根据1957年的《罗马条约》设立的政策咨询性机构。它可以应要求或自己向欧盟委员会、欧盟理事会、欧洲议会就有关电子政务事宜发表意见、提出建议。经济与社会委员会由来自不同部门的经济和社会活动方面的代表组成，其中特别包括工业生产者、农业生产者、运输业者、劳动者、商人和手工业者，以及自由职业者和普通公众的代表。为使各种利益和观点得到较好的表达，经济与社会委员会成员被分为3组，其中第一组为雇主，第二组为雇员，第三组为其他行业代表，如农场主、专业工作者、消费者、环境保护主义者等。根据条约规定，经济与社会委员会的成员为了共同体的整体利益完全独立地行使职权，不受任何强制委托的约束。在欧洲一体化的实际运作中，经济与社会委员会的主要功能是发表意见、提出建议，作为一个咨询机构，它使得各部门的观点和利益得以表达，使各利益集团有机会影响欧盟的决策，这在一定程度上弥补了欧盟在民主制度上的不足。经济与社会委员会还是一个包括各部门利益代表的大论坛，有助于各利益集团在合作的基础上交换意见，有助于欧洲联盟公民之间的团结。欧盟制定的很多电子政务政策都有经济和社会委员会的参与,该委员会由六个不同的领域组成,其中运输、能源、基础设施和信息社会部(TEN)负责对电子政务的政策提供咨询意见。

欧洲经济社会委员会的成员直接代表了欧盟市民社会组织中的许多不同利益,对电子政务政策发展发表专业性的意见。欧洲经济社会委员会对于电子政务政策的形成起着民主政治论坛主持的角色,而且通过这种兼职模式来加强决策过程的合法性。由于它来源广泛的成员及有必要的专业知识,因此,欧洲经济社会委员会实际上构成了一个代表市民社会组织有价值的论坛,向欧盟传递着不同阶层的声音。在讨论电子政务政策时,在欧盟和它的人民之间担当了桥梁的角色。

欧盟电子政务政策的形成是一个庞大和复杂的工程,一个政策的出台需要涉及和兼顾到多方的利益,听取各方的建议和意见。欧盟电子政务政策的创意主要由欧盟委员会提起,同时咨询由地区委员会、经济和社会委员会组成的不同利益集团的意见,这为欧盟电子政务政策的产生奠定了广泛的民主和合法性的基础。

3.1.2 电子政务政策的决策主体

欧盟电子政务政策的决策主体是理事会,欧洲理事会和部长理事会是欧盟的政府间机构,也是欧盟的主要立法机构,代表成员国的利益,在欧盟电子政务的政策制定中起着主导作用。因为欧盟目前没有将电子政务政策列为独立的政策大类,所以欧盟的电子政务政策在决策过程中,依据创意主题的不同将其列入工业政策、科学技术政策、电讯政策等大类范围。所以就欧盟电子政务政策的主题不同,那么关于电子政务政策的议事专家也将来自不同的司。欧盟委员会将提案提交给欧盟理事会之后,欧盟理事会内部也有一个复杂的运作过程。一般经过如下的程序[①]:

第一阶段:工作小组阶段。委员会将提案首先送到相应的工作小组进行初步的详细审查,工作小组有两个基本任务:确保各成员国的利益得以实现和尽力达成一个协议文件。在这一阶段,工作小组主要讨论一些技术性问题。由于工作小组主要是由各成员国的一些职位较低的政府官员和技术专家构成,因此,他们缺乏足够的政治权力解决大的政治上敏感的问题。

第二阶段:常设代表委员会阶段。每个成员国都在布鲁塞尔派驻国家代表团或者常驻代表团,代表团由一位该国外交官担任领导。后来理事会的事务繁忙,增设了两个常设代表委员会。常设代表委员会是布鲁塞尔和成员国首都之间的重要桥梁,其作用在于保证成员国政府的观点得以表达,确保其政府能获悉来自布鲁塞尔方面的信息,其他利益集团、政党和委员会的立场也可以在这一阶段得到阐述。由于常设代表委员会的政治地位较高,因而能够解决大部分工作小组无法解决的相对重要的问题,保证只让那些最难解决的问题提交部长会议讨论决定,从而提高部长会议的工作效率,增强理事会的总体决策能力。

常设委员会是部长会议的准备阶段,决定哪些提案提交哪个部长会议。常设代表委员会将列入会议议程的提案分为两类:A类和B类。A类电子政务政策提案是指那些在工作小组和常

[①] 以下内容转引自刘秀文、科什纳《欧洲联盟政策及政策过程研究》,法律出版社2003年版,第98页。

设代表委员会中已经达成协议,在部长会议上无需讨论就可以通过的提案。B类电子政务政策提案是工作小组和常设代表委员会一级没有达成协议的,需要部长会议进行进一步磋商的提案,包括上次部长会议遗留的问题。

第三阶段:部长会议阶段。常设代表委员会将A类和B类提案一起提交到关于电子政务政策问题的部长会议,部长会议一般只持续一天。参加部长会议的人员和部门有理事会主席、秘书处、委员会代表团和成员国代表团。成员国代表团一般由部长率领。委员会代表欧盟的超国家利益。委员会代表可以在会上发表委员会的意见,提出一些建议,或维护自己的初始立场。但是如果部长们对提案的意见反对太大,在可能的情况下,委员会对提案作出相应的修改,但是委员会没有决策权。由于电子政务政策制定的议程跨越不同的政策部门,部长会议来自不同的部门,具有不同职责的部长参加,所以电子政务政策的制定通常比较困难。另外,参加会议的部长本人的因素对于电子政务政策的形成有很大的影响。这些因素由他是哪个国家利益或者利益集团的代表、意识形态、受何种国内舆论导向影响和部长的个性以及个人素质等多种因素构成。

列入部长会议议程的提案一般有3种:第一,在此之前已经达成了预备协议,部长们就不再需要讨论可以直接通过;第二,条约规定不能实行投票表决而且又没有能达成协议的或者可以投票表决但没有达成协议的,需要返回到常设委员会或者工作小组阶段继续讨论和修改,或者提交下一次的会议讨论;第三,条约规定可以提交投票表决的,对此可以实行表决。

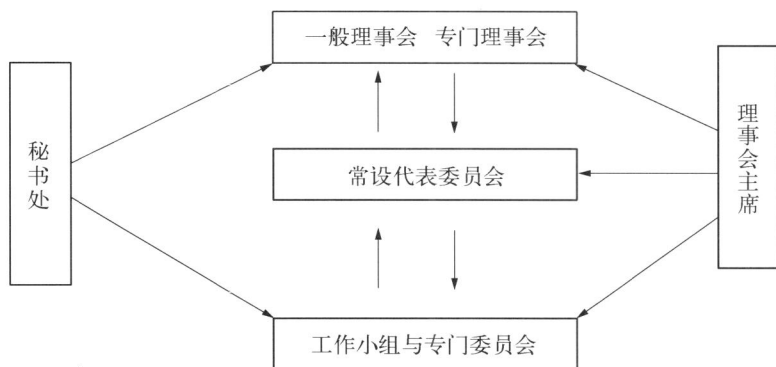

图3-2 理事会内部决策过程图

参考:刘秀文、科什纳《欧洲联盟政策及政策过程研究》,法律出版社2003年版,第98页。

另外,根据条约需要欧盟理事会投票的提案有3种。第一种是简单多数通过有效的提案。就是27个国家每个国家一票,主要适用于电子政务政策的程序性问题。

第二种是特定多数通过有效的提案。适用于条约规定,部长们无法达成协议的政策。在特定多数提案表决程序中,存在一个加权票额分配问题。加权票的分配是根据每个国家人口的多少进行分配。根据尼斯条约新的分配方案,"法、德、英、意4大国将各获得29票,西班牙和波兰各27票,罗马尼亚15票,荷兰13票,希腊、捷克、比利时、匈牙利和葡萄牙各12票,瑞典、保加利亚和奥地利各 10 票,斯洛伐克、丹麦、芬兰、爱尔兰、立陶宛各 7 票,拉脱维亚、斯洛文尼亚、爱沙尼亚、塞浦路斯和卢森堡各 4 票,马耳他 3 票",总计 345 票,有效特定多数票为 255 张。新方案还规定,部长理事会通过每一项决议不仅需要得到特定多数票,而且还需具备 62% 的总人口的支持,以使欧盟的决策能够更加准确地代表欧盟民意。

在特定多数情形下,弃权票与反对票具有同等的效力,由于这个原因,在有些情形下,特定多数比一致同意更难达成协议,因在一致同意中弃权票不影响决议的通过。当需要全体一致决议时,如果有部长希望看到决议通过而又不至于遭到国内反对派的强烈反对时,往往会投弃权票。欧盟很多电子政务的政策都采取了特定多数票方式表决。

第三种是一致同意方式有效的提案。一致同意适用于确定一项新政策或者现行政策需要重大修改时所采用的方式。

3.1.3　电子政务政策的监督主体

政策的监督主要由欧洲议会负责,但随着欧盟一体化的发展,欧洲议会在欧盟决策过程中的作用得到逐步加强,其权力也在不断地扩大。1986 年之前,它所拥有的最大权力也仅是决定预算权,可以修改非强制性预算,对强制性预算做很小的改动,并在形式上通过预算案。1986 年《单一欧洲法令》通过所谓的"合作程序",使得它有权对理事会的初步决定提出修改意见,并具有对立法草案二读的权力。此后,《马斯特里赫特条约》(以下简称《马约》)的签订又确认了由《单一欧洲法令》建立的上述制度,同时进一步将其权力扩大为可以拒绝理事会的立法草案,并就此否决该项立法提案。而《阿姆斯特丹条约》(以下简称《阿约》)通过引入的"共同决策"制度,将欧洲议会与欧盟部长理事会置于同一立法位置上,欧洲议会最终成为一个真正的合作立法机构。欧盟成员国国家利益和欧盟超国家发展之间在一体化问题上既有矛盾也有一致的方面,欧盟决策主体的多元化及各决策主体决策权的划分可以被视为一种寻求平衡与共识、化解矛盾的制度安排。

欧盟议会有很多的委员会,其中工业、外贸、研究和能源委员会负责电子政务政策的讨论、提案的修改和特定多数有效提案的表决等。

工业、外贸、研究和能源委员会(ITRE)代表 27 个成员国由来自 7 个欧洲政党(加上 nonattached 政党)15 个成员和 51 个附属机构的成员组成。在 ITRE 委员会专家有核物理专家、教师、经济学家、医生、工程师、律师、记者、语言学家和前欧盟委员会委员、前部长、天文学家和几个地区和国家的部长。ITRE 所负责的大部分的电子政务的政策采用共同决策程序达成意见。

3.2　电子政务硬政策决策过程

欧盟电子政务硬政策决策过程实际上就是电子政务的立法过程。就欧盟本身来说,就是立法实体,通过法律将欧盟成员国的权利和义务结合起来。在欧盟的任何一项政策都是先有立法后有制度。这种立法是多方利益博弈、妥协、协调达成共识的过程,任何一种立法也是成员国利益之间谈判协商的过程。正如贝娅特所言:"共同体决策实质上就是多边的、官僚间的、马拉松式的谈判协商。"①

3.2.1　欧共体法律的基本类型

欧共体②法律是一个不断演变的过程,其内容与基本类型也在欧盟一体化进程中在逐渐的改进和更新,但一般包括以下 3 种:

第一种类型是欧共体的基础立法,它是欧共体最高层次的法律,其他法律都是由它派生出来的。基础立法的内容主要包括建立欧共体本身的一系列条约、条约的附件、细则、议定书和后来对条约的增加和修改等等。这些条约在欧盟法律体系中的地位,就像宪法在国内法的地位一样,其合法性是不能受到挑战的。

具体说,欧共体的基础立法包括:a) 1951 年 4 月 18 日关于成立欧洲煤钢联营的条约(巴黎条约);b) 1957 年 3 月 25 日关于欧洲共同体条约(罗马条约);c) 1957 年 3 月 25 日关于成立欧洲原子能联营的条约(罗马条约);d) 1965 年 4 月 8 日关于欧共体几个机构合并的条约;e) 有关接纳新成员国的条约;f) 与其他国家建立联系的协定。③

第二种类型是欧共体机构的次级立法,它是由欧共体机构所创立的法律,是在基础立法的基础上派生的法律,包括决定、命令等。这些法律是欧共体法律中的主要内容,但是在效力上低于基础立法。

第三种类型主要涉及关税和贸易方面的欧盟与其他国际法主体之间所签订的国际协定,以及欧共体成员国之间所签订的协定。

有关欧盟电子政务政策的法律属于次级立法,主要以指令、决定的形式出现,例如有关电子政务基础设施建设的各种指令、行政机构之间数据交换的决定等。

3.2.2　电子政务政策的共同决策程序

欧盟的立法程序包括咨询程序、合作程序、共同决策程序、同意程序以及由共同决策程序派生出来的调节程序。有关欧盟电子政务政策的法律主要适用于共同决策程序。

共同决策程序在马约中建立,除了欧盟理事会具有决策权外,在这个程序中,扩大了欧洲议会的权力,使其获得了较大的参与决策权,其目的在于:a) 在立法初期欧盟委员会必须更加谨慎地准备提案,加强机构之间的紧密合作,获得各方的妥协;b) 使理事会更加关注欧洲议会的意见;c) 加强委员会、理事会和欧洲议会之间共同协商的可能性,并且将共同协商贯穿于整个程序

---

① 贝娅特・科勒-科赫《转型视角下的欧洲联盟治理》,《南开学报》,2006 年第 1 期,第 57—64 页。

② 在论文中有时会用"欧共体",有时又会使用"欧盟",这二者基本的区别是:在 1993 年 11 月生效的《马斯特里赫特条约》而建立的欧洲联盟,是在欧共体的基础上产生的,但是欧共体仍作为与共同外交与安全政策(第二支柱)和司法与内政事务合作(第三支柱)并行的第一支柱存在于欧洲联盟的框架内。为了避免混淆,在 1993 年 11 月欧盟建立之前,一般使用"欧共体"的提法,而在此之后则代之为"欧盟"的称谓(具体见刘秀文、科什纳《欧洲联盟政策及政策过程研究》序言(2),第8页)。

③ 有关欧共体基本立法的详细资料,见欧共体官方出版局编 "Treaties and Acts Establishing the European Communities",《欧共体基础法》,国际文化出版公司 1992 年中文版。

始终;d) 促进了机构之间非正式会谈,增加多方互相交流的机会。可以说共同决策程序是欧盟委员会、理事会和议会合作的桥梁。根据《欧洲共同体条约》第 189b 条规定,共同决策程序的步骤①复杂。

　　共同决策程序虽将欧盟决策程序复杂化,但是增加了欧盟决策的民主气氛。三方协商贯穿于决策的始终,促进了机构之间的合作和交流。

　　欧盟电子政务硬政策的制定按照共同决策程序来进行。欧盟作出的电子政务政策的决定、指令有很多,例如 IDA、IDAII、MODINIS、IDABC 等项目决定以及电子政务基础设施、机构之间互操作等方面的指令,每个项目提案的提出到提案生效都是在欧盟委员会、理事会、欧洲议会、欧洲经济和社会委员会、地区委员会之间复杂的博弈过程和妥协过程。例如《监察电子欧洲 2005 年行动计划、传播良好实践和提高网络和信息安全的 2003—2005 年度项目决定》(简称 MODINIS)的制定,就体现了这个复杂的谈判协商过程。该提案由信息社会总司提出,并于 2002 年 7 月 26 日被欧盟委员会采纳,虽然咨询经济和社会委员会和地区委员会意见是一致通过。但在 2002 年 12 月 5 日欧盟理事会讨论该提案时,未能通过,属于 B 类提案,即在欧盟理事会工作

---

　　① 　根据《欧洲共同体条约》第 189b 条规定,共同决策程序具体步骤有:

委员会向理事会和欧洲议会提出立法提案;

议会一读。欧洲议会就该提案发表意见;

部长理事会一读。部长理事会在听取欧洲议会的意见,经过特定多数同意采取共同立场。理事会的共同立场应该告知欧洲议会,同时向议会充分说明其采取共同立场的理由。委员会也向欧洲议会充分告知委员会的立场;

议会二读。欧洲议会在得知部长理事会和委员会的意见后,有三个月的时间作出自己的决定,在此期限内,欧洲议会有以下 3 种选择:

欧洲议会同意理事会的立场,则理事会依照其共同的立场使法案通过;

欧洲议会未作出任何的决定,则理事会也依照其共同立场使法案通过;

欧洲议会以其组成议员的绝对多数通过拒绝接受理事会的共同立场决定,并将其决定通知理事会。在这种情况下,理事会可以召开协调委员会会议,进一步解释其立场;经过协调产生两种情形:或者欧洲议会以其议员的绝对多数确认欧洲议会对共同立场的拒绝,于是立法提案被视为未获通过;或者以其组成议员的绝对多数同意对共同立场提出修正案。

如果欧洲议会以其组成议员的绝对多数同意对共同立场提出修正案,则修正案送交理事会和委员会。委员会应对此修正发表意见。

理事会二读。理事会在获知欧洲议会修改意见后,有 3 个月时间作出自己的决定。在此期限内:

a) 如果理事会以特定多数表决通过了议会的修正案,则理事会相应地修正自己的共同立场并且使议案通过;但是在委员会对欧洲议会的修正案持反对意见,理事会必须以一致同意的表决结果通过议会的修正案;

b) 如果理事会不赞成欧洲议会的修正案,则理事会轮值主席在与欧洲议会议长协商后,召开协调委员会会议;

协调委员由理事会成员和同等人数的欧洲议会代表组成,委员会参加协调委员会。在这里,协调委员会的任务是以理事会成员或理事会成员代表的特定多数同意和欧洲议会代表的多数同意,就一项联合草案达成一致意见。而欧盟委员会则提出必要的创意协调欧洲议会和部长理事会二者的立场。

如果协调委员会在召开的 6 周之内通过了联合草案,则从通过之日的另一个 6 周之内,由欧洲议会和部长理事会分别对联合草案进行表决。当欧洲议员以其参加表决议员的绝对多数赞成,以及当理事会以特定多数赞成,则依联合草案使法案通过;当欧洲议会或者部长理事会二者之一不予赞成,则立法法案视为未获通过;如果协调委员会未就联合草案达成协议,除非理事会在协调调节期终止后的 6 周内以特定多数确认理事会在协调程序开始前所持的共同立场,否则立法提案被视为未获通过。如果欧洲议会在理事会确认之日后的 6 周内其组成议员的绝对多数未形成否决,立法提案被视为未获通过,否则法案将最终获得通过。

上述程序中所提及的"3 个月"或者"2 个月"的期限,如果经欧洲议会和部长理事会双方同意,可分别延长至多一个月或者半个月。但是有一个例外,即当欧洲议会在其"二读"期间倾向于拒绝部长理事会的共同立场这一情况,原定 3 个月的期限可自动顺延两个月,以便欧洲议会在协调会议后有一定的时间作出承认拒绝或者进行修正的决定。(转引自刘秀文、科什纳《欧洲联盟政策及政策过程研究》,法律出版社 2003 年版,第 98—102 页)

小组和常设代表委员会一级没有达成协议的,需要部长会议进行进一步磋商的提案。按照程序,在 2003 年 2 月 12 日欧洲议会一读,欧洲议会对提案做了部分的修改,其具体修改的内容达到 15 处之多(具体见下表 3－2)。

表 3－2　MODINIS 项目中欧洲议会在一读中对欧盟委员会的提案修改一览表

修改的内容	欧盟委员会提案	欧洲议会修改之处	修改理由
(1) 陈述的第 6 部分	在 2001 年 5 月 30 日理事会关于电子欧洲信息和网络安全行动计划决定中,呼吁成员国发起提高电子通讯网络和信息系统的安全具体行动。该决定欢迎委员会进一步提出关于发展互联网基础设施更加稳定和安全的运作策略以及建立网络安全提案的任务特别小组	在 2001 年 5 月 30 日理事会关于电子欧洲信息和网络安全行动计划决定和 2002 年 10 月 22 日欧洲议会关于网络和信息安全欧洲政策提案中,呼吁成员国发起提高电子通讯网络和信息系统安全具体行动。理事会和欧洲议会欢迎委员会进一步提出关于发展互联网基础设施更加稳定和安全的运作策略以及建立网络安全特别小组	欧洲议会在很多场合表示过支持欧洲层次的网络安全
(2) 陈述第 6 部分增加了 a 段		a) 在 2002 年 6 月 21 日到 22 日之间,Seville 欧洲理事会签署了 2005 年电子欧洲行动方案,提出网络安全是安全竞争问题的核心	解释的需要
(3) 陈述第 7 部分第 2 段	委员会渐渐意识到经济和社会的属性,在活动和时间上有重要的行业交叉的影响。对于推行的措施应该考虑到共同体经济和社会的凝聚力、双层社会相联系的危险和内部市场有效的功能	委员会渐渐意识到经济和社会的属性,在活动和时间上有重要的行业交叉的影响。对于推行的措施应该考虑到共同体经济和社会的凝聚力、数字排斥所产生的危险和内部市场有效的功能等问题	数字排斥给了更明确的含义
(4) 陈述第 7 部分,增加新的一段,即 2a		2a) 欧盟和成员国在信息社会的行动致力于促进弱势群体即妇女、老年人、残疾人和失业人员参与到信息社会中来	信息社会的进步给这些过去不能够利用信息通讯技术的人新的发展机会
(5) 陈述部分的第 13 段增加新的 a 部分		13a) 监督成员国发展的绩效,并且与世界上最好的发展状况作比较,良好实践的交流将会有助于欧洲经济区成员国、中东欧国家,例如塞浦路斯、马耳他和土耳其之间的合作与发展	解释得更为清楚

（续表）

修改的内容	欧盟委员会提案	欧洲议会修改之处	修改理由
（6）陈述部分的第 13 段新增加 b 部分		13b）与中东欧国家合作,在对塞浦路斯、马耳他和土耳其经济和社会的分析,将会在欧盟东扩后,减少数字鸿沟所带来的危险	解释得更为清楚
（7）陈述部分的第 13 段新增加 c 部分		13c）在 2001 年 6 月 16 日在 Gothenburg 发起"2003 电子欧洲附属计划",欧盟候选国家也被纳入到知识经济的挑战当中,为了能够使电子欧洲和电子欧洲附属计划评估的基准可以作比较,候选国家已经同意使用欧盟 15 国电子欧洲的指标,候选国家的机构要尽可能地与欧盟老 15 国的相关机构紧密联系,发展共同的衡量方法	解释得更为清楚
（8）陈述的第 14 部分	因为执行这个决定所采取的管理措施是由委员会授权制定,由 1999 年 6 月 28 日欧共体 468 号决定的第 2 款执行的措施,他们应该使用由决定第 4 款所使用的管理程序	因为执行这个决定所采取的咨询措施是由委员会授权制定,由 1999 年 6 月 28 日欧共体 468 号决定的第 2 款执行的措施,他们应该使用由决定第 4 款所使用的咨询程序	为了提高执行和促进行政,建议委员会将会有更好的委员会组织结构的选择
（9）条款 1,第 a 点	a）项目将会有以下的目标:检测成员国的绩效,并且与世界上最好的绩效作比较,用可能的官方数据采取合适的措施	a）项目将会有以下的目标:检测成员国的绩效,并且与世界上最好的绩效作比较,用可能的官方数据采取合适的措施,邀请成员国尽可能提供最新官方数据	比较分析困难之处是获得相关的数据,成员国应该提供有效的和及时的数据
（10）条款 1,第 c 点	c）分析信息社会经济和社会尤其是提高工业竞争力和凝聚力的合适的政策	c）分析信息社会经济和社会尤其是工业竞争力、凝聚力和社会普遍服务的政策,为了减少数字鸿沟的危险和促进内部市场例如电子商务和网上服务的发展	观察一个社会信息化的程度,公民参与度是一个重要的衡量指标
（11）条款 1,第 d 点	d）提高国家和欧洲在网络和信息安全方面的能力,培育宽带的发展	d）按照 2005 年电子欧洲行动计划,布置网络安全方面的任务,提高国家和欧洲在网络和信息安全方面的能力,培育宽带的发展	考虑到网络安全的提案包含在电子欧洲 2005 的行动计划中,在此强调了这个特殊的目标。MODINIS 项目所涉及的网络和信息安全的工作与这个任务相联系

（续表）

修改的内容	欧盟委员会提案	欧洲议会修改之处	修改理由
（12）条款 2，第 e 点	e）鉴于网络安全准备小组的活动，支持在网络和信息安全领域尤其是网络活动中存在的和出现的危险展开的调查、研究和学术研讨会（例如：安全机制、互操作性、网络的安全和保护、高级密码、无线通讯的隐私和安全等方面）	e）按照 2005 行动计划，准备建立网络安全特别小组，支持关于安全机制、互操作性、网络安全和保护、高级密码、在无线通讯方面隐私和安全等方面的研讨会	这是第 8 处修改的补充，考虑建立未来的网络安全特别小组 在 电 子 欧 洲 2005 已经提及
（13）条款 6	1. 欧盟委员会应该由成员国的代表组成委员会，并且由委员会代表任主席 2. 这段的来源中 1999 年欧共体 468 号决定第 4 款制定的管理程序应该符合第 7 款的第 3 条 3. 由 1999 年欧共体 468 号决定所规定的期限是 3 个月	1. 欧盟委员会应该由每一个成员国的一个代表组成，并且由委员会的代表任主席 候选国家和其他参与国家的代表如果很关心议程中的具体方案，可以作为观察员参与到委员会的程序中 2. 这段的来源中 1999 年欧共体 468 号决定第 4 款制定的咨询程序应该符合第 7 款的第 3 条 3. 删除	为了更好地提高行政管理，咨询委员会在委员会的组织结构上将会有更好的选择。成员国为了促进委员会的决策，每个成员国应该有一个代表。当议程关于候选国家的时候，候选国家的代表应该参加
（14）条款 7，第 4 段	在这个项目结束的时候，委员会将提交给欧洲议会、理事会与经济和社会委员会关于执行条款 2 行动的结果	在这个项目结束的时候，委员会将提交给欧洲议会、理事会与经济和社会委员会关于执行条款 2 行动的结果。每一年，委员会制订初步预算计划时，它应该按照每年的执行计划和绩效指标定性和定量的评估，报告给预算机构	委员会制订和增加年度执行计划
（15）条款 7 新增加 a 部分		根据欧共体与欧洲经济区参与国家、中东欧国家，还有塞浦路斯、马耳他和土耳其之间协定框架内，这个项目可能对外开放，在执行这个决定过程中，欧共体与欧洲经济区、中东欧相关的国家、塞浦路斯、马耳他和土耳其之间的合作应该被鼓励	广泛地参与这个项目将会提高达到目标的能力。随着欧盟东扩，候选国家应该有机会参与到这个项目中

2003 年 2 月 13 日欧洲议会的修改案返回到欧盟委员会，欧盟委员会对欧洲议会的修改案只能部分地同意。3 月 27 日理事会一读，投票表决采取共同立场决定，该提案仍旧属于"B"类提

案,即没有通过。2003 年 4 月 7 日欧盟委员会对于欧洲议会所作的 15 处修改发表意见,欧盟委员会完全接受 1、2、3、9 处所作的修改,部分接受对 4、5、6、10、11、12、15 处所作的修改,不能接受对 7、8、13、14 处的修改。2003 年 5 月 26 日欧盟理事会采取共同立场,对提案虽又作了多处修改,但该提案属于 A 类提案。对于欧盟理事会所作的修改,欧盟委员会表示全部接受,除了条款 4 中对于财政预算①问题持保留意见。因为欧盟委员会认为欧盟理事会对于欧盟委员会的提案的修改与原提案实质性内容并没有太大的出入,只是在预算上欧盟理事会将原来的 2 500 万欧元减少到 2 000 万欧元表示异议。电子政务财政预算在欧盟电子政务政策决策中占据重要的位置,也关系到电子政务政策和相关项目的成败。电子政务政策的预算一般和项目一起提出,欧盟理事会和议会在审议欧盟电子政务的项目时,也同时审议欧盟电子政务项目的预算。

　　欧洲议会在 6 月 5 日以其组成议员的绝对多数同意欧盟理事会共同立场。在此期间,欧盟委员会、欧盟理事会和欧洲议会之间多方斡旋谈判,理事会和议会达成妥协,于 9 月 25 日议会二读中就预算问题做了修改,欧洲议会提议将财政预算从原来的 2 000 万欧元增加到 2 100 万欧元,欧盟委员会表示接受议会的修改。10 月 17 日理事会二读,欧洲议会、委员会和理事会就 MODINIS 项目预算草案达成妥协,将预算增加到 2 100 万欧元,该提案生效,其资金分配如下:

　　监察成员国和成员国内部的绩效并尽可能地使用官方数据与世界上最好的实践进行比较占整个预算的 40%;分析电子欧洲良好实践和经验交流情况,在发展互动机制方面,在电子欧洲框架内支持成员国在国家、地区、地方层次所做的努力占整个预算的 30%;促进政策的交流尤其是工业竞争政策、凝聚政策和普遍服务政策的讨论来分析信息社会的经济和社会影响,为电子欧洲指导小组能够评估电子欧洲行动方案战略方向提供必要的信息占整个预算的 8%;2002 年 1 月

---

　　① 按照欧洲联盟条约第 203 条规定,欧盟财政预算程序的主要环节包括:

　　预算草案的提出。根据欧盟委员会各职能部门的负责人以及其他机构所提交的部门预算和专项预算,欧盟委员会专职预算编制的第十九司负责汇总各类预算信息并准备下一财政年度的最初预算草案;

　　理事会一读。由欧盟委员会通过的预算草案在每年的 4 月底或者 5 月初提交预算理事会,预算理事会由成员国的财政部长组成,他们通常在 7 月初举行会议审议并通过预算。在此之前,预算理事会和成员国常设代表委员会将举行准备工作。预算理事会通常会对预算草案的收支进行少量的削减;

　　与此同时,预算草案也提交给欧洲议会。预算支出分为两大类——义务性支出和非义务性支出,欧洲议会对于后者与部长理事会有共同的决定权,而对前者只能提出修改意见。在议会一读之前,如果议会和理事会在义务性支出和非义务性支出两者的比例上存在分歧的话,将会由预算委员会、预算理事会和欧盟委员会共同召开会议,进行协调;

　　议会一读。预算理事会修改后的预算草案将提交给欧洲议会进行一读。议会在接到预算草案后的 45 天内必须答复。但主要审议工作由欧洲议会的预算委员会负责。在 10 月或者 11 月的欧洲议会全体会议上,议会将对审议后的预算草案进行表决,结果有两个或者通过或者提出修改意见。其中,对"非义务性的支出"的修改需要议会成员的绝大多数支持,对"义务性支出"的修改则需参加投票者的多数通过;

　　理事会二读。欧洲议会提出的预算修正案将送交部长理事会二读。理事会需要在 15 天之内对修正案给予答复。理事会可以对非义务性的支出再次提出修改意见。也可以否决议会对义务性支出的修改。如果理事会对非义务性支出提出修正意见,由此产生的新的预算修正案,将送交议会二读;

　　议会二读。欧洲议会的二读通常在 11 月进行。议会需在接到修正案后 15 天之内对修正案作答复。议会须以议会成员多数和投票者的五分之三多数重新确认被部长理事会否决或者修正的义务性的支出。欧盟的预算应在 12 月 20 日前通过,如果在此之前没有达成一致意见,那么欧洲议会需以成员的多数和参加投票者的三分之二才能再次否决预算。在这种情况下,临时性预算原则将起作用,即当年预算的月支出额不得超过前一财政年度的月平均财政支出;

　　预算的执行和审计。预算通过后,欧盟委员会将负责预算的执行。而审计院负责审核欧盟岁入和支出的合法性和各机构是否违规操作,并且向理事会、欧洲议会和委员会 3 个机构提交审计报告。(转引自刘秀文、科什纳《欧洲联盟政策及政策过程研究》,法律出版社 2003 年版,第 234—235 页)

28 日理事会提出在欧盟层次上建立网络和信息安全框架以及 2005 年电子欧洲关于提高网络和信息安全行动方案占整个预算的 22%。

在 2002 年 7 月 26 日欧盟委员会采纳提案到 2003 年 11 月 17 日欧盟理事会和欧洲议会签署 MODINIS 项目为止,经过一年多的时间,经过听取多方的意见,对提案的多次修正和议会、理事会的二读才使提案获得通过(见表 3 - 3)。

表 3 - 3　MODINIS 项目共同决策程序表

监察电子欧洲 2005 年行动计划、传播良好实践和提高网络与信息安全的 2003—2005 年度项目(简称MODINIS)		
法律根据	欧洲共同体条约第 157 条款第 3 部分	
程　　序	共同决策程序	
步　　骤	欧盟委员会提案的采纳 日期:2002 年 7 月 26 日	负责部门:信息社会总司 可选择咨询:地区委员会 义务性咨询:经济和社会委员会和欧洲议会 负责人:Erkki Liikanen
	在 2002 年 7 月 26 日将提案提交给欧盟理事会和欧洲议会	
	在 2002 年 10 月 24 日欧洲经济和社会委员会的意见	意见方式:一致通过 意见起草人:Daniel Retureau
	2002 年 12 月 5 日在理事会讨论	提案属于"B"方案 议题:交通、电讯和能量
	2003 年 2 月 12 日地区委员会意见	意见方式:一致通过 意见起草人:Dieter Schiffmann
	2003 年 2 月 12 日欧洲议会一读	决定方式:同意对提案的修改 负责者:Erkki Liikanen 起草人:Imelda Mary
	2003 年 2 月 12 日欧盟委员会对欧洲议会修改的立场	部分同意
	2003 年 3 月 27 日欧盟理事会共同立场协定	提案属于 B 类方案 议题:交通、电讯和能量
	2003 年 4 月 7 日欧洲议会修改提案	
	2003 年 4 月 7 日将修改的提案提交给欧盟理事会和欧洲议会	
	2003 年 5 月 26 日欧盟理事会采取共同立场	在理事会议程上属于 A 类提案 议题:农业和渔业 5 月 28 日共同立场宣言

（续表）

续	2003 年 5 月 28 日欧盟理事会采取共同立场	
	2003 年 6 月 5 日欧洲议会接受理事会的共同立场	
	2003 年 9 月 25 日议会二读	同意修正案 大会起草人：Imelda Mary Read
	2003 年 9 月 25 日欧盟委员会对欧洲议会二读修改的意见	同意修正案
	2003 年 10 月 20 日欧盟委员会采纳意见	
	2003 年 10 月 21 日转发欧盟理事会的共同立场和欧洲议会、委员会的意见	
	2003 年 10 月 27 日理事会同意二读	程序：共同决策程序 提案类型：A 类提案 议题：环境
	2003 年 11 月 17 日欧盟理事会和欧洲议会签署决定	程序：共同决策程序 文件类型：决定

资料来源：http://www.europarl.europa.eu/oeil/file.jsp?id=224892（检索日期：20071016）

　　通过 MODINIS 项目制定程序，可以发现欧盟电子政务硬政策决策过程，处于两难的境地，一方面必须考虑各成员国的利益，另一方面又要满足合作的意愿，从而通过合作去谋求共同的利益。因此，在决策运行机制上也充分体现了两个相互矛盾的行动原则，即运作结果既要维护各国的自主性，又要对共同体有利。这就是所谓的"双轮脚踏车原理"①，反映了欧盟委员会和理事会之间的权衡和制约关系。这一形象比喻清楚表明，只有当欧盟委员会和部长理事会的意见一致时，才能作出电子政务的决策；只有当两者以同一速度运转时，欧洲治理才能顺利向前发展。但是依据《罗马条约》、《单一欧洲法令》以来多个基本条约，欧洲议会的地位不断加强，委员会和理事会的地位有所变化，将双轮脚踏车改成了三轮脚踏车的运作。欧盟委员会、欧盟理事会以及欧洲议会之间处于三方鼎立，只有在相互妥协状态下，才会有利于电子政务政策的形成。

3.3　电子政务硬政策制定特点分析

　　欧盟电子政务政策制定的过程和模式受到欧盟大的治理框架背景的影响。欧盟是多层次的

---

　　①　贝娅特·科勒-科赫等《欧洲一体化与欧盟治理》，北京：中国社会科学出版社 2004 年版，第 100 页。

治理体系,在这个过程中有复杂的各种组织和形形色色的行为者介入到决策过程中。欧盟决策的过程主要是欧盟理事会、欧盟委员会的配合,最后由欧盟委员会贯彻执行政策。但是随着一体化的发展,由于共同决策程序,欧洲议会也加入到了协商谈判体系当中,这种利益之间均衡的协调前移到决策的初期,导致决策更加复杂化。虽然欧盟电子政务政策制定过程是欧盟多层次治理的一个缩影,但是欧盟电子政务政策的制定也有其一定的特殊性。

3.3.1 民主性

民主性既是欧盟也是欧盟电子政务政策制定的重要原则之一。欧盟在 1993 年正式生效的《欧洲联盟条约》第一编中共同条款的第 F 条这样写道:"联盟尊重其成员国的国家身份,民主原则是联盟各成员国政体的基础。"①另外,在 1997 年修订了的《欧洲联盟条约》也写道:联盟以成员国一致认同的自由、民主、尊重人权的基本自由以及法制等原则为基础②。资产阶级政治的民主原则是欧盟和谐发展的根基,在电子政务政策中主要体现在以下几个层面:

第一,超国家层面。欧盟的超国家机构有欧盟委员会和欧洲议会。欧盟的决策经常被指责为脱离人民的、责任性不高的决策。在欧盟决策中引入共同决策程序,欧洲议会代表欧洲人民,提高了它在欧盟内部决策中的地位,使欧盟内部决策更贴近于欧洲百姓。欧洲议会扩权也是解决欧盟存在的"民主赤字"问题的大势所趋。在共同决策程序中,欧洲议会有三读的权利,欧盟电子政务政策提案在议会修改后,再经过理事会的表决,再修改,再表决,通过这种往复的协商和修改,更能体现电子政务政策的民意。

第二,政府间层面。欧盟的治理体现在两个方面,一个是超国家主义层面,另一个层面是政府间层面,虽然政府间的层次要低于欧盟超国家层面,但是这个层面却是欧盟的主要决策层。在这一层次有两个主要决策机构即欧洲理事会和部长理事会。欧洲理事会是由成员国国家元首和政府首脑组成的高峰会议。欧盟峰会也是欧盟电子政策的重要的来源之一。很多重要的电子政策都是在欧盟峰会中形成的,例如 2000 年的里斯本峰会中形成了重要的电子欧洲的行动方案。而欧盟部长理事会通过定期召开政府间首脑会议以及部长理事会,通过成员国政府间互相协商、达成共识,并制定共同同意的条约。欧盟的电子政务决策权主要由部长理事会做出的,欧盟理事会的决策权主要来自成员国的授予。虽然欧盟电子政务的很多决策通过特定多数在理事会中做出,但是在很多时候欧盟理事会更愿意采用协商一致的原则,有以下原因:a) 通过协商一致原则制定出来的政策能得到所有成员国的支持,因而能够真正有力地推动欧洲一体化的发展;b) 通过多数原则制定出来的政策,处于少数的国家往往不会积极地实施,尤其是在重大敏感的政策领域过多地使用多数投票会招致欧盟政策的分裂;c) 在已经形成多数的情况下,各国政府还是愿意取得一致同意,认为如果这一次把它们的一个伙伴置于少数,以后在其他政策发展中它们也有可能成为少数。过多使用多数投票只会带来利益的"零和博弈"。因此,理事会在制定政策时通常会给予有不同意见的国家以考虑时间,通过反复的磋商直到最后达成妥协为止。

---

① 见《欧洲联盟条约》第一编共同条款第 F 条。
② 欧共体官方出版局编,苏明忠译《欧洲联盟条约》,国际文化出版公司 1999 年 1 月版,第 11 页。

第三,泛欧主义层面。泛欧主义是指在欧盟垂直和水平维度相互渗透的网络式结构,是一个更为宽泛的全方位、多元化、松散型的体系安排,在该层面上民主形式主要是参与式民主,在电子政务政策制定方面主要表现在咨询体系的作用上。所谓咨询体系是指欧盟委员会、欧盟理事会、欧洲议会都设有自己的电子政务专家组,在决策之前都会广泛听取他们的意见。部长理事会授权一些由成员国代表组成的专家小组,协同欧盟委员会开展工作。而欧洲议会的内部也成立了很多的专家小组,是一个典型的工作议会。在电子政务政策中都会听取专门具有咨询功能的经济和社会委员会和地区委员会的意见,为电子政务政策的制定提供了专家小组的咨询平台。

第四,国家主义层面。欧盟是成员国组成的国家集团,欧盟多层次治理体系的核心和基础层面就是国家治理。在这个层面上,民主性来自成员国自身的民主制度,欧盟绝大多数国家实行的都是代议制政体,即国家直接代议制构成国家主义层面的民主合法性。欧盟的决策是由成员国的派出代表参加,而且形成的重要条约最终要受到成员国民众或议会的批准。另外,成员国也是欧盟电子政务政策执行的主体,也决定了政策执行的成败。因此,成员国民主制度是否完善直接影响到电子政务决策过程的民主合法性,成员国民主制度越完善,电子政务政策制定的民主性、合意性就越强,越有助于电子政务政策的实施和推广。

当然,必须指出的是,欧盟电子政务政策制定所体现的是典型的资产阶级民主。其所谓民主主要在于缓和阶级矛盾,使充分体现统治阶级利益的政策更易于推行。

3.3.2　合法性

欧盟电子政务硬政策要在 3 个机构即欧盟委员会、理事会、欧洲议会共同参与下才能制定。欧盟委员会拥有立法创制权,而部长理事会拥有立法决定权。没有委员会的提案,理事会就不能作出决议,修改提案的权力也在委员会,如果没有条约规定作为法律基础,则委员会就不能提出提案。根据欧盟立法的原则之一——比例适度的原则,该原则要求欧盟所采取的任何的行动都不应该超出所设定的目标,主要落实目的和手段之间的权衡。首先要考虑行为目的和手段合法性原则。手段或目的两者之间任何一个不具有合法性,就不能进行比例适度原则的权衡。德国学者克劳斯·马贝其米特将比例适度原则的衡量分为三步:第一步,行为所采取的措施(实现目的的手段)应适合与宪法所设定的目标;第二步,合适的行为必须是必要的;第三步,手段必须具有合理性。也就是说,欧盟立法的创意必须要在法律设定的目标之内,否则就不具有立法的条件。例如:

MODNIS 提案的根据是条约 XVI 条款的第 157 项第 3 条,其法律依据是工业政策,在《尼斯条约》第 157 项第 1 条规定:共同体和成员国要保证共同体工业竞争力的必要条件。为了这个目的同时与开放的、竞争的市场保持一致,共同体和成员国的行动应该致力于:a) 加速工业的适应性达到结构的变化;b) 在整个欧共体范围内鼓励有利的环境去创业和发展事业,尤其是中小型规模的企业。在企业间鼓励有利的环境去合作,培养更好地发展企业潜力的创新、研究和技术发展的政策。

MODNIS 项目提案是根据工业政策的 157 项第 3 条规定提出的:按照条约规定,欧共体应通过一系列的政策和活动来达到第 1 条所设立的目标,理事会决策要符合第 151 项的程序,在咨询经济和社会委员会后,由成员国制定达到第 1 条所设立目标的具体措施。

也就是说欧盟电子政务政策提案的提出和决策程序在欧共体条约中已经有明确的规定和支持,否则就不予立项。从下表(表 3-4)可以发现,欧盟的电子政务政策附属于不同领域的政策,例如信息社会技术主干领域项目的提案根据是研究和技术发展政策;行政机构之间的数据交换项目、泛欧洲网络的项目法律基础是泛欧洲网络的政策。每一项政策都必须有法律的根据,这是政策成立的必要条件,也是欧盟电子政务政策执行情况评估的基础。

表 3-4　欧盟电子政务法规框架

机　　构	资金来源	条约基础	政　策	资金额度	时间段
信　息　社　会　总　司					
A 司——负责信息社会战略和电子欧洲	MODINIS 项目	第 XVI 款的第 157(3)项	工业政策	在 2 000 万欧元到 2 500 万欧元之间	2003—2005 年
C 司——负责组成、子系统、应用,下属的 C6 办公室负责电子政务事务	信息社会技术主干领域,资金来源于研究和技术发展框架项目即 2002 年 6 月 27 日 1513 号决定	第 XVII 款的第 166 项	研究和技术发展政策	在 3 000 万到 3 500 万欧元之间	2002—2006 年
D 司——负责通讯网络安全、软件应用,所属的 D6 处负责 eTEN 项目	泛欧洲网络资金来源于 1999 年 7 月 19 日的 1655 号决定	第 XV 款的第 156 项	泛欧洲网络政策	3 750 万欧元之间	2003 年
企　业　总　司					
D 司——负责服务、旅游、新技术、工业设计,下属的 D2 处主管行政机构之间的行政交换(IDA 项目)	行政机构之间的数据交换项目由泛欧洲网络资助,即 2002 年 10 月 21 日的 2045 号决定和 2046 号决定	第 XV 款的第 156 项	泛欧洲网络政策	7 400 万欧元之间	2002—2004 年

资料来源:Antovio Alabau: The European Union and ITS eGovernment Policy, 2003, p. 207.

3.3.3　分散性

欧盟电子政务政策的分散性,首先体现在欧盟目前没有一个统一的电子政务政策大类,有关电子政务的政策分散在其他的各个政策领域。这也充分地体现了欧盟网络治理的特点,网络治理是欧盟多层次治理的核心观念。欧盟无单一决策模式,不同政策有不同的机制,不同的议题有不同的行为体参与,对不同的机构产生不同的要求和反馈。① 欧盟电子政务政策附属于工业政策、泛欧洲网络政策、研究和技术发展政策,也涉及经济和社会凝聚政策和内部市场政策。这些政策提案虽然都是由欧盟委员会来提出,但却要依据不同的政策领域机制和不同的法律基础,那么这些政策提案也就相应地由不同的部长理事会采纳,例如竞争部长理事会(负责内部市场、工业和研究),交通、通讯和能源部长理事会以及一般事务理事会。这种政策来源的分散性使得欧盟电子政策实施所需的资金来源来自不同的政策领域,这也为欧盟电子政务政策的协调带来了很大的问题。

另外,由于欧盟电子政务政策这种分散性,电子政务政策目标和方向在各个政策领域中有很大的不同,也将电子政务政策的整体目标分割成各个不同子目标,而相关政策领域分别在各自的领域执行目标,虽然欧盟委员会既是政策的创意者也是政策的执行者和协调者,这种分散性也给政策的整体协调带来了很多困难。

电子政务在各个政策领域中的角色是不同的(见表3-5),主要体现在以下方面:

第一,欧盟将电子政务发展作为信息社会发展的一部分,致力于在学校、医疗系统、商业活动中使用信息技术。欧盟信息社会政策已经成为多层次治理目标的工具,尤其是在经济和通讯领域的发展。在欧盟里斯本2000年峰会,信息社会成为关键领域,将信息社会战略性的发展目标定位为促进经济增长、提高竞争力和解决就业的问题。至于电子政务和电讯的关系,显而易见的是在1993年后欧盟电讯领域加速了自由化的过程,包括开放电讯基础设施的建设,来促进经济的发展。同时,电子欧洲的创意促进了信息社会的经济和宽带基础设施的发展。在里斯本战略和电子欧洲创意中发展电子政务其根本目标是想通过电子政务政策促进经济的发展,而革新公共行政的功能和服务则处于第二位。

第二,电子政务政策也是欧盟研究和发展政策的一部分,尤其是第五框架和第六框架中信息社会技术中涉及电子政务发展的问题。起初,电子政务相关的研究和发展与第五框架目标相一致,主要关注应用的方面,但是这种应用型项目的发展容易造成重复性工作。于是在第六框架中做了相应的调整,这种调整有两个原因:a) 欧盟研究战略方向的转变;b) 电子政务领域在逐渐走向成熟。电子政务研究活动将会在研究开发型和解决实际问题之间取得平衡。如果欧盟的电子政务的研究技术发展的活动关注纯粹的技术问题,而不关注公共行政本身执行问题,同样会造成政策和资金的浪费。

第三,泛欧洲网络政策。共同体政策的目标是发挥单一欧洲市场的有利条件和促进工业竞争。欧盟委员会利用泛欧洲网络政策提出了两个项目:行政机构之间数据交换项目(IDA)和泛欧洲网络项目(eTEN)。IDA项目在1995年已经存在,这个项目是为了执行欧盟政策的具体活动,允许在成员国主要机构和共同体机构之间进行数据交换所设立的项目。IDA项目发展很快,并且将行政机构之间的数据交换扩展到互操作性、软件技术平台尤其是免费软件使用等领域。尽管IDA项目和电子政务研究技术发展项目的政策领域不同,但是它们之间的整合趋势越来越明显。eTEN项目是共同体电子政务政策可持续发展的一个例子,这个项目致力于促进信息社会中公共领域和私人

---

① 见蓝玉春《欧盟多层次治理:论点与现象》,《政治科学论丛》2005年6月号,第2页。

领域所提议的任何感兴趣服务的应用,电子政务项目是 eTEN 项目优先行动之一。

第四,内部市场发展政策。共同体政策的目标是广泛的,电子政务相关活动在内部市场发展政策中也会涉及。随着信息社会的发展,与信息市场发展相关的各种政策的重要性也越来越明显。这些政策中数字资源和公共领域使用信息作为电子政务发展政策中的一部分。数字资源项目开始发展于 1984 年,这个项目支持包括:公共行政机构参与数字资源的生产、使用和传播等方面。相对而言,信息传播方面与电子政务的关系虽重要但并不是关键的,欧盟更看重公共领域信息的利用和再开发,制定了相关的指令促进公共行政机构信息资源的开发和服务。

第五,经济和社会凝聚政策。乍一看,经济和社会凝聚政策与电子政务政策似乎没有太大关系,但它是电子政务政策实施重要的资金来源,因为使用信息通讯技术革新公共行政需要通过经济和社会凝聚政策得到结构基金的支持。欧盟结构基金专门有 4 个优先资助的领域[1],其目的是强化欧盟内部的凝聚力和团结。为了促进经济的发展和社会的凝聚,欧盟有专门机构负责使用结构基金来执行电子政务战略的相关活动和整合各个成员国共同体框架内地区项目的运作,促进电讯网络和宽带的发展,这也是欧盟结构基金促进基础设施发展的重要手段。

表 3 - 5　欧盟电子政务相关的政策领域

政　　策	项　　目	办公室(UNITE)	总　　司
信息社会和通讯政策	电子欧洲	A1 办公室负责电子欧洲有关政策的研究和计划	信息社会总司
研究和技术发展政策	电子政务中的信息社会技术项目	由 C6 办公室负责	信息社会总司
泛欧洲网络政策	IDA	D2 办公室负责行政机构之间的网络	企业总司
	eTEN 项目	D6 办公室负责 eTEN 项目	信息社会总司
内部市场发展政策	电子资源	E4 办公室负责信息市场	信息社会总司
经济和社会凝聚政策	地区信息社会	由地区发展总司办公室负责	地区发展总司

资料来源: Antovio Alabau: The European Union and ITS eGovernment Policy, 2003, p. 36.

3.4　电子政务软政策的制定

从老的共同体的方法来说,欧盟的政策必须是以法律为基础的条约、指令、决定等,这些法律

---

① 　a) 生产性项目;b) 基础设施项目;c) 地区内在潜力的开发;d) 人力资源。

被称为硬法,也就是硬政策。但是硬政策具有自己的局限性:a) 硬政策的安排往往是统一的,很难考虑和容忍成员国多样性的存在;b) 硬政策具有滞后性,其依据是以前预设的固定的条件,而不确定的情形则需要不断进行试验和调整;c) 硬政策很难修改,这为在许多情形下需要迅速改变规范以实现最优的目标带来困难;d) 硬政策往往是外在于行为主体的,如果行为主体不将硬政策规范内部化,硬政策的执行会很麻烦。而如果已经将硬政策规范内部化,可能就没有必要予以执行了。① 欧盟和成员国的关系上,奉行辅助性原则(subsidiarity),又称为从属原则、辅从原则,其基本含义是指"欧盟在分享或并存权力领域,只能在证明成员国不能有效实现特定目的,并证明自己能更好地实现此等目标的情况下才能采取行动。简言之,在并存权力领域,欧盟的权力从属于成员国的权力"。② 该原则在法律的规定上具体体现在 TEC 第 5 条第 2 款的规定:"在不属于共同体专属权能的领域,共同体应该根据辅助原则采取行动,即,只有在下述情况下,也仅限于下述情况,才应该由共同体采取行动。只有拟采取行动的目的不能由成员国充分实现,而且由于拟采取行动的规模或效果,必须由共同体完成才能达到更好的效果。"③因此欧盟很多目标的实现需要成员国的协商与配合。

在这种情形下,与硬政策相对的软政策就有了存在的理由。与硬政策相比,软政策的方法具有灵活、开放等优点,所以即便在欧盟具有相应法律权限的情况下,电子政务政策会在一定程度上采用软政策的形式,而且欧盟软政策的运用往往能够就某项经济和政治僵局达成妥协。法学家 Orly Lobel 认为,之所以需要和运用软政策工具是因为:第一,很多复杂的问题并没有现成的解决方案;第二,预期的规范和社会现实之间差别太大,如果实行强行性的规范会适得其反,因此规定最低的标准以便逐步发展;第三,决策者之间存在着激烈的争论;第四,硬政策存在着许多意识形态或思想观念方面的抵制;第五,软政策所具有的开放性、参与性和灵活性能够减少协商的障碍,降低社会成本,提升制度的整体正当性。④

在欧盟电子政务政策范围内,软政策主要是指欧共体的各种准法律性文件,在欧盟法的语境中,有学者把软政策区分为 3 种形式:第一类软政策主要为宣言性或资料性的文件,例如:绿皮书、白皮书、行动纲要和资料性通讯等;第二类软政策是解释性的和决策性的文件。这些文件的目的是为解释和适用现有的共同体法律提供指导原则;第三类软政策包括正式的和非正式的指导性文件。⑤ 这些文件的目的是为了进一步实施共同体的目标、政策或其他相关领域的政策,有时候会以政治化的声明或决议的形式出现,通常是为了在成员国之间以非强制性的方式确立更密切的协作或取得一致行动,主要表现为建议、决议和行动守则等。这里的建议是一种正式的指导性文件,根据《欧共体法》第 249 条的规定,建议为共同体的法律文件。

在欧盟的一体化过程中,软政策在欧盟各个政策中普遍应用。其明显的运行机制是开放协

---

① David M. Trubek, Patrick Cottrell & Mark Nance, "Soft Law", "Hard Law" and European Integration: Toward a Theory of Hybridity, http://www.wisc.edu/wage/pubs/papers/Hybridity%20Paper%20April%2005.pdf.

② 见肖振伟《浅析欧盟法中的辅助原则》,《法制与社会》,2007 年第 3 期。

③ 同上。

④ Orly Lobel, The New Deal: The Fall of Regulation and the Rise of Governance in Contemporary Legal Thought, in Minnesota Law Review, Vol. 89, December 2004, pp. 393 – 395.

⑤ 同上。

调机制。在 2000 年欧盟在里斯本峰会将开放协调机制(OMC)正式命名和推介,作为欧盟治理的工具之一。[①] 开放协调机制成为与欧盟硬政策相对的重要机制,欧盟也因此进入软法时代。[②] 欧盟大会关于 OMC 的一份报告中指出:"OMC 是一种整合工具。对于同一个主题……能够与欧共体的其他行为结合在一起,包括传统的立法行为。"[③]开放协调机制作为治理的工具,并不是要取代传统的治理手段,而是作为传统治理的补充手段,在传统的治理领域无能为力或者不足的地方发挥其独特的作用。这种硬政策和软政策组成混合体政策领域在欧盟范围内已有先例,如欧洲环境法领域。与其他的政策领域相比,欧盟在环境法领域中拥有相当大的立法权力,也就具有较强的硬政策手段,但是欧盟仍然部分使用 OMC 软政策协调机制,这充分说明了欧盟很重视软政策的功用,当二者存在互补的时候就把软政策和硬政策结合起来,对不同的问题适用不同的模式[④]。

3.4.1 电子政务软政策制定的过程

欧盟电子政务软政策很多,也是欧盟电子政务政策主要的推广方式,因为类型不同,政策制定的参与主体也将会不同,否则不足以反映共同体的各种利益诉求[⑤]。与硬政策相比,欧盟电子政务软政策制定的主体更加多样化,打破了公共领域和私人领域之间的界限。软政策有自己的特有形式,不同形式的软政策其制定过程也有所不同。

第一,建议。因为软政策并没有一定的决策程序,专家委员会的建议是欧盟软政策的来源之一,也体现了欧盟专家政治的特点,例如欧盟信息社会高级组的"欧洲和全球的信息社会"的报告,这个报告是欧盟理事会要求专家组对于欧共体和成员国的信息社会的基础设施提出具体的建议。在这个报告基础上,欧盟理事会将会制定具体的行动方案和措施。虽然建议不具有硬政策的强制执行力,但是欧盟制定了具体的措施,在成员国中达成行动方案的共识,推动了欧盟信息社会建设,为欧盟电子政务政策的设计打下了基础。

第二,欧洲理事会会议结论。欧洲理事会会议的决定是指导电子政务发展重要的政策之一。欧洲理事会由欧盟成员国国家首脑、欧盟成员国国家元首或政府首脑、欧洲委员会主席和委员代表、欧洲委员会秘书长、欧盟成员国外长、欧盟理事会秘书长、欧洲议会议长、欧洲理事会轮值主席所选其他官员组成。一年举行两次会议,就重大的问题作出决定。欧洲理事会的议题很多,从 2000 年到 2007 年共召开 14 次欧洲理事会,至少 3 次涉及信息社会、电子欧洲(含电子政务)的建设问题,是欧盟电子政务软政策的重要来源。例如在 2000 年里斯本欧洲理事会中,欧盟就为信息社会作出重要的指示,指出欧盟理事会和欧盟委员会决定制订电子欧洲行动计划,结合电子欧

---

① 弗里茨·沙普夫(Fritz W. Scharpf)曾总结出欧盟多层次治理的 5 种方式,即相互调整、政府间协商、超国家/等级方式、共同决策方式以及开放协调机制。

② 见罗豪才《软法与公共治理》,北京大学出版社 2006 年版,第 2 页。

③ Secretariat, The European Convention, Coordination of National Policies: The Open Method of Coordination, WG Ⅵ, WD 015 Sept. 2002.

④ J. Scott and D. Trubek, Mind the Gap: Law and New Approaches to Governance in the European Union, Vol. 8/1, 2002, p. 1.

⑤ 见罗豪才《软法与公共治理》,北京大学出版社 2006 年版,第 52 页。

洲的国家创意,使用开放协调机制来为推广电子信息社会的方案作准备。而 2000 年 7 月 19 日到 20 日欧洲理事会在 Santa Maria da Feira 举行,签署了全面的电子欧洲 2002 年的行动计划(包括电子政务行动计划),并要求有关机构、成员国和其他部门保证全面的和及时的执行行动计划。2001 年 3 月 23 日到 24 日在 Stockholm 举行的春季理事会中就认识到电子政务和电子商务在知识经济社会的重要性,并就尽快制定电子规则,使用电子发票和制定全面的电子网络的安全措施等提出了建议和要求。

第三,电子政务部长宣言。部长宣言是欧盟部长级电子政务大会中所做的宣言。电子政务部长会议,每两年举行一次,每次大会都有不同的主题,目前共举行过 5 次,最近一次是在 2009 年 11 月举行。参会的有欧洲理事会、欧盟委员会、欧盟成员国、候选国家、新成员国的部长以及欧洲自由贸易区的部长,另外还有私营企业、专家、教授、企业联合会等。每次大会结束,参会人员将就电子政务发展中的问题达成的共识,以电子政务部长宣言的形式对外公布,是欧盟指导成员国发展电子政务的重要政策。例如在 2005 年的电子政务的部长宣言中,就如何执行电子政务 2010 行动计划达成共识并制定了具体的措施,为电子政务政策的发展和推广指明了方向(见表 3 - 6)。

表 3 - 6　欧盟历届电子政务大会一览表

时　　间	地点	届次	主题	共　　识
2001 年 11 月 29 日	布鲁塞尔	第一次	从政策到实践	电子政务的优先行动达成共识:(1)确保服务的普遍性;(2)促进信任和安全;(3)建立最佳实践案例;(4)鼓励参与
2003 年 7 月 7 日到 8 日	科莫	第二次		分为两部分:(1)将电子政务转化成行动;(2)电子政务政策的执行
2005 年 11 月 24 日	曼彻斯特	第三次	转型公共服务	对于 2010 年电子政务行动计划提出建议:(1)没有公民排斥在外,电子普遍服务的设计;(2)使用信息通讯技术实现一个更有效的和更有效率的政府;(3)根据顾客的需要,设计出具有很高影响力的服务;(4)通过相互识别的电子身份证实现全欧洲广泛可用、可信任的公共服务
2007 年 9 月 19 日到 21 日	里斯本	第四次	收获电子政务的成果	达成的共识分为 4 个部分:(1)跨国界互操作性问题;(2)行政负担的减少问题;(3)电子政务的普遍服务;(4)服务透明和民主参与问题
2009 年 11 月 19 日到 20 日	马尔默	第五次	建立电子联盟梯队	达成对 2015 年目标的共识:(1)依据用户需要设计电子政务服务以及加强与第三方的合作和增加公共信息的利用度,在政策过程中加强相关利益者参与的透明性和有效的方法来赋权于公民和企业;(2)在欧盟无论是建立和经营一个企业还是在任何地方学习、工作、居住和退休,通过电子政务的无缝式的服务加强单一市场的流动性;(3)通过电子政务减少行政负担,提高组织的管理过程和促进低碳经济的可持续发展而提高效率和效力;(4)在合适的驱动者、法律以及技术的前提下使优先政策的实行成为可能

第四，通讯。欧盟重要的电子政务政策一般都是以通讯的方式传递。这种方式能相对比较自由、灵活和及时地传递电子政务政策的信息。通讯由欧盟委员会在广泛听取专家、学者、部长们意见的基础上，在电子政务宣言和电子政务行动计划基础上制定，同时分发给理事会、欧洲议会、经济和社会委员会与地区委员会等。在 2003 年欧盟发表了一则重要的通讯《电子政务在欧洲未来角色中的作用》，这则通讯的内容是建立在 2003 年电子政务大会、欧盟项目、国家、地区、地方的战略、创意以及公共行政网络工作方式基础上，分析了目前电子政务发展态势、电子政务发展中存在的关键问题和障碍，准备在电子欧洲背景下采取一系列的行动加强电子政务的作用。该文中第一次对电子政务下了定义，认为电子政务是在公共行政领域为了提高公共服务、民主过程和加强对公共政策的支持，促进信息通讯技术的使用、机构的改革和与新技能相结合的过程[①]。该文还认为电子政务是实现更好的和更有效的公共服务的推动器，它提高了公共政策的发展和执行能力，帮助公共领域实现了用更少的资源传递更多、更好服务的需求。通讯交流的议题很广泛，涉及电子政务定位、互操作性、安全等问题，例如在 2006 年欧盟委员会发表了关于泛欧洲服务互操作性的通讯，就泛欧洲公共服务的现状、挑战作了回顾，对电子政务互操作性的益处作了总结及对具体方案提出了要求。另外，通讯也会对电子政务的行动方案发表意见，在《i2010 电子政务行动计划：加速欧洲电子政务，使所有人受益》中，就行动计划作了具体的安排。

第五，电子政务绿皮书。在 1999 年欧盟发表了关于《公共领域信息——欧洲关键的资源》绿皮书，这是自 1996 年 6 月以来，欧盟委员会广泛咨询成员国的代表、公民、消费者群体以及私营领域和信息工业代表的意见基础上，制定的早期指导电子政务政策发展的重要的官方文件。该文件指出通过更广泛的咨询，充分利用公共信息的重要性。绿皮书覆盖了很多领域，例如关于经济增长和就业机会、公共领域信息的开发和使用等。

第六，行动方案。行动方案是欧盟指导电子政务政策实行的具体方案。欧盟制定了若干个行动方案，起初电子政务是电子欧洲下面的一个子项目，所以电子欧洲 2002 年和 2005 年的行动方案中，也包括电子政务的行动方案。电子政务的行动方案将欧盟电子政务政策所要达到的目标分解成具体的可操作性的措施，行动方案不仅是欧盟电子政务政策的行动指南，也对完成行动计划的具体日期和要求做了详细的规定。行动方案的设计一般由欧洲理事会提出，由欧盟委员会制定。到目前，欧盟共制定过 3 次电子政务的行动方案。

第一次是在 2000 年的 6 月欧洲 Feira 理事会上签署了《2002 年电子欧洲行动计划》，该行动计划致力于刺激互联网的利用，包括基本的公共数据上网、公共服务的电子化、为企业简化网上行政网络程序等（详细情况见表 3-7）。

第二次行动方案是在 2002 年 3 月 Barcelona 理事会提出，在 Seville 讨论制定的《2005 年电子欧洲年行动计划》。在 Barcelona 欧洲理事会要求委员会制订行动计划致力于："到 2005 年，在欧盟广泛可用宽带网络和发展 IPv6 的网络协议……并且关注网络、信息、电子政务、电子学习、

---

① Communication From the Commission to the Council, the European Parliament, the European and Social Committee and the Committee of the Regions, the Role of eGovernment Europe's Future, Brussels, 2003.9.

电子健康和电子商业的安全。"①该行动方案目标是为私人投资创造一个有利的环境和创造更多新的就业机会,促进生产率的发展和为每个人创造机会参与到全球信息社会当中来。电子欧洲2005 年行动计划主要目标是:在广泛普及宽带基础设施基础上加强服务的安全、应用和内容②(见表 3-8)。

表 3-7 电子欧洲 2002 年有关电子政务的行动方案

电子欧洲目标之三:刺激互联网的使用		
B 行:网络政府:公共服务的电子利用		
行　　　　动	负　责　者	截止日期
基本的公共数据上网,包括法律、行政、文化、环境和交通信息	在欧盟委员会的支持下由成员国负责	2002 年末
成员国保证主要的公共服务电子利用普遍化	成员国	2002—2003 年末
为企业简化网上行政程序,例如建立公司的快速通道	成员国和欧盟委员会	2002 年末
在整个欧盟范围内通过经验的交流,促进在公共领域和电子政务开放资源软件良好实践(案例)的普及(通过 IST 和 IDA 项目)	欧盟委员会和成员国	2001 年
与欧盟委员会的基本交易必须在网上可用	欧盟委员会	2001 年末
在公共领域内促进电子签名的使用	成员国和欧盟机构	2001 年末

资料来源:Antovio Alabau:The European Union and ITS eGovernment Policy,2003,p.49.

表 3-8 电子欧洲 2005 年有关电子政务的行动方案

目标 1:现代网络公共服务		
行 1.1:电子政务		
行　　　　动	负责者	截止日期
宽带连接 成员国应该致力于发展所有公共机构的宽带连接。因为宽带提供了不同的技术平台,网上采购为国家和地区的机构提供均等的交易机会	成员国	2005 年末之前

① Barcelona European Council, Presidency Conclusions, paragraph 40, http://ue.eu.int/en/Info/eurocouncil/index.htm.(检索日期:20071230)

② http://ec.europa.eu/information_society/eeurope/2002/news_library/documents/eeurope2005/eeurope2005_enpdf.

（续表）

行　　动	负责者	截止日期
互操作性 委员会将会发布协定的互操作性框架为公民和企业传递泛欧洲电子政务服务。这就要求在欧盟范围内连接公共行政机构系统以便处理信息内容,提供技术政策的建议和制定具体的规定	欧盟委员会	2003 年末之前
公共服务的互动 无论在哪里,成员国应该保证基本服务都是互联的,为所有人可利用的,并且开发宽带网络和多平台利用的潜力。这将需要在传播良好实践,重塑后台服务(有关内部行政过程的重塑),同时要满足特殊群体的需要,例如残疾人和老年人。委员会和成员国将会就互动和互操作性的服务达成一致意见	成员国	2004 年末之前
公共采购 成员国应该将采购电子化作为重要的一部分。私营领域的经验显示,通过互联网的使用,在供应链的管理中成本的减少可以有效地实现。理事会和议会应该尽可能快的为采购立法采取措施	成员国、理事会和议会	2005 年末之前
公共互联网利用点(PIAPS) 所有的公民应该有容易利用的公共互联网利用点,在公民所在市区优选宽带的接入,在建立公共互联网利用点时,成员国应该使用结构基金与私营和公益领域紧密合作。委员会将会继续通过 PROMISE 项目和其续接项目 MODINIS 尽可能的支持项目研究和良好实践的推广	成员国和欧盟委员会	—
文化和旅游 委员会与成员国、私营领域、地区机构合作将会通过电子服务,促进欧洲的发展和提供用户友好的公共信息。这些电子服务应该在 2005 年被提供,使用宽带连接,建立在互操作性的界面上,可以在各种类型的数字终端利用	成员国、欧盟委员会、地区机构和私营领域	2005 年

资料来源：Antovio Alabau：The European Union and ITS eGovernment Policy,2003，p.53.

　　第三次行动方案是在 2006 年 4 月由欧盟颁布的《i2010 电子政务行动计划：加速欧洲电子政务,使所有人受益》(以下简称《i2010 电子政务行动计划》),电子政务 2010 行动方案是建立在第三次欧洲电子政务大会和部长宣言的基础上,经过成员国讨论,由欧盟委员会提出的。该计划明确指出了电子政务工作是发掘公共部门潜能的钥匙,并对欧洲 2006—2010 年电子政务建设项目、战略和决策重点问题等作出了统一安排。

　　《i2010 电子政务行动计划》包括 4 个目标,即加快使公众和企业从电子政务中获得切实的利益；改善各国电子政务建设的分散状况,加强互操作性,避免电子政务建设为欧洲单一市场的形成设置新障碍；通过各成员国发展规模经济以及合作克服共同面临的挑战等,在欧盟层次扩展电子政务带来的利益;确保相关各方在电子政务的设计和发布工作中保持密切合作。这些目标的确定,充分贯彻了 2005 年 11 月第三次欧洲电子政务部长级会议发布的《部长宣言》精神,重点关注欧盟委员会在支持成员国方面的职责,特别是在实施《里斯本战略》、建立内部市场以及优化规制环境等方面的作用。

《i2010 电子政务行动计划》5 项行动分别是[①]:

1. 通过电子政务扩大社会包容

欧盟委员会将同各成员国一起力争到 2010 年以前,实现所有欧盟成员国的公民,不论性别、年龄、国籍、收入、健康状况等,都能通过多种渠道选择,享受可靠、便捷服务所带来的利益。《i2010 电子政务行动计划》指出,包容型电子政务有两层含义:一是在线提供公共服务,缩小数字鸿沟;二是建立并实施基于 ICT 的包容政策。目前,仍有许多方面的工作需要深化,用户更需要拓宽渠道(包括数字电视、移动电话、固定电话及当面办理等)而不仅仅是增加服务项目。各成员国也针对提高服务的便捷性和可靠性、增强用户使用技能等做了大量工作。

欧盟委员会将采用开放式合作的形式,与各成员国、私营部门、社会团体及欧洲公共管理网络(EPAN)开展广泛合作,做好如下工作(见表 3 - 9)。

表 3 - 9　2006—2010 年欧盟扩大包容的工作安排

时　间	工　作　安　排
2006 年	就建立可测目标问题与成员国协商确定路线图,确保到 2010 年,让所有公众成为电子政务受益人
2007 年	与成员国共同制定相关规定,促进电子政务建设符合《电子接入规范》的要求
2008 年	发布多平台服务提供战略的实施细则,通过多种渠道(如数字电视、移动电话、固定电话以及其他交互设备)提供电子政务服务

资料来源：EC Communication：i2010 egovernment：accelerationg eGovernment in Europe for the benefit for all,Commission of European Committees,2006,p. 5.

此外,在 2006—2010 年间,欧盟委员会还将开展其他措施扩大包容：通过开展研究项目、开发试点、投入结构性基金、开展与欧盟项目相关的政策研究等活动,了解用户需求,寻求廉价高效的个性化解决方案、加强电子政务的用户互动;开展经验交流和学习,关注多渠道战略、包容政策和优秀案例。

2. 提高效率和效益

发挥电子政务在提高公共服务用户满意度、减轻公众和企业的行政负担方面的作用,通过运用 ICT 增强政府透明度和可信度、提高产出效能。

欧盟委员会从国家层面入手,在建立健全测评体系和共享机制两方面采取行动,争取实现效

---

① EC Communication：i2010 egovernment：Accelerationg eGovernment in Europe for the benefit for all,Commission of European Committees,2006.

率和效益的目标。在测评体系方面,欧盟目前已开始的工作涉及通用的基于效果的测评框架和正在成形的经济模型工具;在共享机制方面,加强经验共享得到广泛认同,已建和在建的项目包括电子政务优秀案例框架、电子政务观察、欧洲入口等。

表 3-10 2008 年之前欧盟在提高效率和效益方面的重点工作

时 间	重 点 工 作
2006 年	欧盟委员会与成员国合作,提出一个通用的基于效果的电子政务测评框架,并进行后续的调整工作
2007 年	根据 i2010 基准框架的要求,将按照通用指标,开展关于基准、个案影响以及利益的分析工作,在考察各成员国情况的基础上,监测该行动计划的实施进展
2008 年	欧盟委员会与成员国合作,探索有效机制,确保经验共享、基础设施和服务的长期财政资金支持和可持续性

资料来源:EC Communication:i2010 egovernment:accelerationg eGovernment in Europe for the benefit for all,Commission of European Committees,2006,p. 7.

2006—2010 年期间,欧盟委员会还将继续积极推动电子政务的资源、优秀案例和经验共享。

3. 建设具有影响力的关键性公共服务

欧盟将致力于开发一些跨国境的旗舰型服务项目,并着重提高服务的利用率。根据《i2010 电子政务行动计划》的部署,重点服务项目包括与市民流动相关的服务,如泛欧求职服务、泛欧电子医疗和病历等社会保障服务、国外教育研究服务等;还包括企业登记和增值税退税服务等。此外,要加强结构性基金和地方开发方面的协调。

《i2010 电子政务行动计划》认为,电子采购项目是需要优先发展的关键服务之一。欧盟各国政府采购额占 GDP 的 15%,每年约 1.5 万亿欧元。

表 3-11 2010 年之前欧盟电子采购行动方案

时 间	行 动 方 案
2006 年	与成员国共同确定路线图,制定考核目标,并实现 2010 年之前全部成员国开展电子采购建设并达到 50% 的利用率
2007 年	以各国现有的解决方案为基础,对跨境公共电子采购的关键要素出台具体规定,并开展试点工作
2009 年	对试点工作进行评估,并在欧盟范围内发布评估结果
2010 年	对各成员国的跨境电子公共采购应用系统建设进展作出评估

资料来源:EC Communication:i2010 egovernment:accelerationg eGovernment in Europe for the benefit for all,Commission of European Committees,2006,p. 10.

2006—2010 年间,欧盟委员会还将与各国共同磋商确定其他高影响力的公共服务项目。

4. 完善驱动因素建设

欧盟电子政务建设正处于一个关键性的阶段,建设的进一步发展以及扩大服务项目的影响和效益都要求具备特定的驱动因素。关键性的驱动因素包括:公共服务所需的互操作性电子认证管理(eIDM)、电子文档鉴定和电子归档、互操作性等。

在驱动因素建设方面,《i2010 电子政务行动计划》拟在 2006—2010 年期间,从 3 个方面开展工作:

a) 采取注重实效的措施,加强各国 eIDM 之间的互操作性。贯彻执行《电子签名指令》,推动成员国间的相互识别和电子签名的互操作性,并开展电子认证和识别方面的立法需求调查。

b) 在推动电子文档相关工作方面,欧盟将与各成员国合作,共同建设一个电子文档鉴定的参考框架。此外,加强在跨境公共电子记录和档案管理方面的合作,并简化相关的利用手续。

c) 互操作性一直是电子政务建设的一大重点。今后欧盟在此领域的工作将主要围绕建设完善《欧洲互操作框架》这一中心展开,并不断提高各国对标准化、开放式界面等重要性的认识。

5. 加强公众参与民主决策

《i2010 电子政务行动计划》认为,欧盟目前的民主决策和参与面临着许多问题,例如,各国及欧盟层次的投票出席率不高,决策程序日益复杂化,公众参与的呼声日益高涨等。同时,ICT 手段的应用为加强欧盟决策的民主化带来了契机,互联网的应用拓宽了公众参与的渠道。

为此,该行动计划提出了加强民主参与方面的工作安排。欧盟委员会在这方面的主要职责是促进电子化参与(eParticipation),加强世界先进经验的共享,提高欧盟机构的透明度,促进公众参与。已经开展的工作包括电子委员会计划和欧洲透明度计划,未来的工作重点是利用先进技术开发实用工具,进一步拉近公众与议会决策的距离。

欧盟委员会开展的电子政务公众调查显示,65% 的被调查者都认为电子民主有助于弥补欧洲的民主缺失。该行动计划建议,开展在公众参与决策中利用信息通信技术的试验,进一步确保公众参与的有效性。

表 3-12　加强公众参与民主决策行动安排

时　间	行　动　安　排
2006—2010 年	对用于提高政府透明度和公众民主决策参与程度的 ICT 工具进行测试,加强经验交流
2006 年	启动相关准备工作,开发 ICT 工具加强议会民主决策
2007—2013 年	设定电子民主的未来工作模式,作为 FP7 框架下 IST 研究的优先项目

资料来源:EC Communication:i2010 egovernment:accelerationg eGovernment in Europe for the benefit for all,Commission of European Committees,2006,p. 11.

欧盟电子政务行动方案是欧盟电子政务发展的执行方案,这些执行方案将欧盟电子政务政策具体化,具有可操作性和针对性,目标明确,有助于成员国之间的协调与合作,促进经验的交流和良好实践的传播。

3.4.2 电子政务软政策制定特点分析

欧盟电子政务软政策是欧盟调节和发展电子政务政策重要的治理工具,在欧盟多层次的治理背景下,电子政务软政策的形成具有以下特点:

第一,参与政策制定主体的多元化。在欧盟电子政务软政策制定过程,非常重视非政府组织、利益集团、私人组织以及公众参与到政策制定过程中,表现为:a) 参与政策制定主体的法律地位是平等的;b) 机会平等。参与主体之间不仅平等交流和共同决策,而且就连私人组织和公民也有机会参与到决策当中,比硬政策的制定更具有亲民的优势。

第二,政策制定花费时间少,成本低。欧盟硬政策的制定必须按照既定的程序,从政策的创意到制定,需要不断地在欧盟委员会、理事会、议会之间博弈。这种博弈的过程,至少需要一年半载的时间,而且成本很高。软政策制定的方式因为没有固定的程序,比较灵活,通过一次会议,例如专家会议、研讨会、理事会会议等形式就可以形成政策决议,节约了大量的时间和成本。

第三,欧盟电子政务软政策一般是根据硬政策所制定的具体措施或者行动方案。这些措施和行动方案具有很强的操作性,例如行动计划。而且在政策施行过程中,允许差异性的存在,不会强制会员国采取整齐划一的政策路径,只要最终达成政策的目标,在政策的行动方案或者纲领指导下,允许成员国在各自制度框架下寻求适合自己国情的政策,以便各国发挥各自的资源优势。

3.5 电子政务政策制定机制评析

欧盟电子政务政策的制定是在欧盟多层次治理背景下,多元利益主体协商参与下建立起来的,这些政策的制定是在欧盟委员会、理事会、欧洲议会和欧盟法院之间通过法定的程序,综合各方利益和需求协商式的进行。

欧盟是一个庞大的多元利益主体参与的组织,在这种机制中如何协调各种利益之间的冲突,达到利益的均衡是这种机制值得思考的问题。

不管是欧盟这个超国家组织还是主权国家,任何一个政策的实施都包含着众多利益的协调。不仅如此,正如西方经济学研究特别是以詹姆斯·M·布坎南为代表的公共选择理论认为,政府在很大程度上也是一个经济人。这一观点,引起了人们对政府自身利益的考量。越来越多的观点认为,政府也会追逐自身利益的最大化,即政府本身存在自利性。作为一个多国家的联合体的欧盟不仅要代表其自身的利益,而且能够整合各方成员国的利益,代表它们实践和推广成员国的利益,同时也最大化地实现欧盟这个超国家组织的利益,这就需要有效的多元利益的协调机制,欧盟电子政务政策制定,充分体现了这种机制的运作规律,这也是欧盟电子政务政策制定机制的核心元素。

首先,在政策制定过程中有广泛的参与主体,并且这种政策制定参与主体范围还在不断地扩大。基于前面提及的"脚踏车"原理,欧盟的实际决策权力运作总是处于欧盟委员会与部长理事会的权力争夺之中,后来欧洲议会也拥有了部分的决策权,欧盟内部的权力争夺更加复杂化。超国家机构拥有不断增强自身权力的路径依赖,为了超越理事会的权力而作出决策,欧盟委员会只有寻求专家小组的支持。同时,通过专家小组制,部长理事会既可构建与国内社会的联系,履行对本国内部的责任,也能实现对欧盟委员会决策的辅助和制约。随着一体化的发展,欧洲联盟机构(包括欧盟委员会和部长理事会)已经赞成将利益集团纳入欧洲政治决策进程中。通过与利益集团和众多专家小组的接触、联系,欧盟不但更容易解决问题,而且促进了各层级行为体之间的交流,改善了决策的民主合法性,充分体现了欧盟治理网络化的意见表达组织的显著特征。

第二,只有广泛参与还不足够,有些参与只是形式上的,并不具有实际的意义。如何保证参与者的能动性,那就是创造一个良好的话语空间,即话语民主。欧盟电子政务政策的制定过程中,欧盟的 27 个成员国具有同样的影响力,不管这些国家的国土面积、人口代表,在谈判桌上彼此都是平等的,具有同样的话语权。虽然参与主体间存在着差异和多元化,但是通过彼此平等的对话,才能达成相互理解的共识和妥协,才能排斥暴力的解决方案而将民主精神真正体现出来。正如哈贝马斯所言:国内政治领域的"话语民主"体现的是"主体间性",即不是立足于孤立的主体,而是立足于主体与主体间的关系,通过主体间平等的对话和协商,达到相互理解基础上的一致。① 而在国际政治领域,"话语民主"则体现的是"文化间性",在尊重各自文化价值的基础上,通过平等的对话和协商,达成解决问题的共识,实现不同文化类型之间的和平共处,使世界朝着民主、自由和公正的方向前进,最终建立起和平的国家新秩序。欧盟电子政务政策制定主体的"主体间性"强调主体之间的互动、合作、协商的关系,实现了政策制定的牢固基础,也是体现民主的良好方式。

第三,制度是相关利益者参与决策,实现话语权的保证。就欧盟来讲,欧盟多层级的内部制度安排和体制模式之所以能够有效地促进和提高一体化效率,就是因为参与治理的行为主体之间没有明显的等级之分,超国家机构并不凌驾于成员国之上,成员国对超国家机构也没有隶属关系。这种多层级的体制模式主要表现为政府间协商模式、超国家机构权限范围的组织机构、政府间协商与超国家治理模式相结合的共同决策制度安排②。在这种制度安排下,欧盟电子政务政策体现了多方利益群体的参与,并且通过共同决策程序,在各方利益主体之间不断博弈中,充分听取决策主体各方的意见,保证电子政务政策从内容到程序上的合法性和民主性。欧盟制定电子政务政策发展电子政务本身也是要建立反映社会群众利益的民主政治制度,并且在电子政务模式下的制度成本相比传统政务有很大的优势,成本优势的基础在于关系结构嵌入,形成政府的超契约治理,即由原来制度中的单纯的双边关系扩展为社会各方关系的系统性连接,加强了非正式的制度。减少了权力拥有者的机会主义行为,从而为制度制定留下更大的弹性空间③。

可以说,欧盟电子政务政策制定过程中,由制度保证的广泛的利益主体参与以及利益主体之

---

① ［德］哈贝马斯《现代性的地平线——哈贝马斯访谈录》,上海人民出版社 1997 年版,第 171 页。
② 见兰天《欧盟制度效率分析》,《国外社会科学》,2007 年第 3 期,第 27 页。
③ 见孟庆峰《电子政务发展中的阻力因素的经济学分析》,《财经界》,2007 年第 294 期。

间平等协商关系促进了欧盟电子政务政策制定的合理性和合法性,发挥了这种多层次治理模式下政策安排的优势。

但是,欧盟这种政治体制的形成也是其特殊历史条件下的无奈之举。欧盟这个超国家组织,由不同利益诉求的成员国组成,在这种体制安排下,如何去满足不同的利益诉求,让各方满意,这就需要牺牲政策产出的效率。由于欧洲议会参与到电子政务政策制定的程序中,原来"双轮"脚踏车,改为"三轮"脚踏车运行机制,使欧盟电子政务政策制定的程序更加复杂化,虽然满足了欧盟解决"民主赤字"的初衷,却使政策产出的速率大大降低。尤其是欧盟电子政务硬政策的制定,根据共同决策程序,如果"一读"各个成员国就可以达成共识,履行政策的话,至少也需要几个月的时间,但是往往"一读"就能顺利通过提案的可能性非常小,所以政策的产出耗费时间长,成本高也是欧盟电子政务政策在其制度安排中难以避免的弱点。

另外,也是基于这种多元利益的协商制度下,欧盟电子政务政策虽然合意性高,体现了"众口可调"的优势,但是牺牲了政策长效性的发挥。在这种来回博弈、众多利益协调的政策制定机制中,成员国更多的不再关注政策本身内容的可行性和政策优化的可能性,而更关注政策背后的短期利益交换和从中获取最大利益的可能性。在这种制度安排下,一个很有创新性的提案,有可能在众多利益的权衡中,失去原来政策创意的本色。

除了这种多元利益协调机制外,在欧盟电子政务政策制定中,根据软、硬政策不同的特点,施以不同的政策产出安排也别具一格。软政策的产出比较灵活,而且载体形态多样化,比如电子政务政策的行动方案、电子政务部长级会议的宣言、理事会的决定等。软政策调整的范围充分发挥各个成员国的自主性和自治性。硬政策的产出主要以欧盟二级立法的形式实施,其政策调整范围主要涉及电子政务数据、基础设施发展、平台互操作性等方面,参与政策制定的主体按照法定的程序来回博弈,政策内容刚性强。欧盟电子政务政策制定中,刚柔兼而有之的政策产出方式,充分体现了软、硬政策协同治理的特色,符合欧盟这种多层次治理的需要。

对于中国电子政务政策的制定而言,确实具有体制带来的政策效率优势,但也存在一些不足,比如兼顾各方利益,使政策更具"民意",尊重政策制定中各方创造性等方面都需要进一步发展。在策略选择上,软政策对电子政务这类成熟度总体不高的事物而言有很高的应用价值。在电子政务发展过程中,如果根据政策特点的不同,采用软硬兼施的策略对于我国电子政务政策的完善也有一定的促进作用。

4 欧盟电子政务政策的实施

公共政策的实施是一门艺术。研究政策实施的美国学者托马斯·史密斯认为,在政策实施过程中,有 4 个因素至关重要,即理性化的政策、政策环境、目标群体和执行机构。[①] 政策的实施受到很多因素的影响,在多层次治理模式下欧盟政策的实施有其独特的方式和方法。如前文所言,欧盟的电子政务政策分为硬政策和软政策,软政策和硬政策不仅指制定的程序不同,而且实施的方式也有很大的差别。欧盟电子政务政策是欧盟治理的重要内容,而政策的关键是实施,从欧盟电子政务政策实施来说,主要采取的是软硬兼施、双管齐下的方法。

4.1 电子政务硬政策的实施

欧盟电子政务硬政策的制定实际上是立法的过程,这就意味着政策的执行具有很强的法律约束力。电子政务硬政策属于欧盟法中的二级立法,一般是以指令和决定形式对外公布的。欧盟硬政策的执行过程体现了欧共体法和成员国之间的关系。欧盟法和成员国法之间并不是简单地适用国内法和国际法的理论和原则,而是采用直接效力和欧共体法优先的原则。二者之间是一种相互补充、相互依存、相互合作的关系。

直接效力原则包括两个方面:a) 无需通过国际法上所用的转入或接受方式即可自动进入成员国国内法律制度,并产生法律效力;b) 成员国公民和法人可以在国内法院诉诸欧共体法给他们创设的权利,国内法院对此项权利负有保护的义务。[②]

所谓欧共体优先原则也包括两个方面:a) 欧共体法公布以后,在成员国国内法律体系中在此之前已公布的法律里,凡和其发生冲突的都立即失效;b) 欧共体法公布以后,在成员国国内法律体系中在此之后公布的法律里,如有和欧共体法相冲突的内容,该内容也属于无效。欧共体法优先原则,标志着欧盟法将成员国向欧共体让渡部分主权的原则以制度化的形式巩固起来。欧共体法在法律上优先地位是欧共体在政策上的优先地位的制度性保证。

欧盟电子政务硬政策主要有指令和决定。而指令和决定在成员国的适用中还是有很大的

---

①　Thomas B. Smith, The Policy Implementation Process, Policy Sciences, Vol. 4, No. 2, 1973, pp. 203 - 205.

②　见邓中华《论欧洲共同体法与成员国法的关系》,《法学评论》,1991 年第 2 期。

不同。

4.1.1 指令在成员国中的适用

4.1.1.1 指令的特点

按照《欧共体条约》第 189 条和《原子能共同体条约》第 161 条的规定,指令是由欧盟理事会和委员会依据基础条约授权而制定的立法文件之一,"指令在其所欲达的目标上,对其所发至的每一成员国有拘束力,但这些成员国对于实现上述目标的方式和方法上具有选择权"。[①]

欧盟的指令有 3 个方面的特点:a) 非全面约束力;b) 仅适用于其所发至的成员国;c) 通常并非直接适用。

这里需要明确的是:第一,指令的非全面约束力指的是指令只可对以其所要达到的特定目标上具有约束力,而通过何种方式达到目标却没有约束力。这表明成员国必须将指令转换为国内法,但是成员国有权选择在一定的条件下以何种方式转化为国内法。指令的这个特点反映了欧盟并非想建立整个欧盟范围内的统一规则,而在于充分保留对成员国立法权的尊重,以使成员国通过自己的立法行为实现欧盟的目标;第二,指令的对象不能是个人,而是成员国,而且是其所针对的几个或者全部成员国,在某些情况下,基础条约甚至规定,理事会可以向委员会发出指令;第三,指令通常不具有直接适用性,它需要所针对的成员国以国内法制定某种实施规则而加以明确。因此说,接受指令的成员国采取适当措施实施指令的义务是毋庸置疑的。实践中,成员国采取的国内措施既可以是行政上的,也可以是法律上的,视具体情况而定。[②]

4.1.1.2 指令的实施

电讯方面的改革是欧盟电子政务政策所涉及的重要方面,在 2002 年欧盟电子政务行动计划的一个重要内容就是要刺激互联网络的使用。而推动互联网络的使用,就需要进一步改革电讯制度,降低电讯服务的价格,促进电讯服务的竞争。为此,欧盟在 2002 年 3 月更新了电讯的规则框架,在 2003 年 7 月 24 日,欧盟所有的成员国采用国家立法,执行新的 6 项指令。新的指令通过连续、灵活的方法来规制电讯网络和服务。新政策框架重视电讯、广播、信息和通讯市场的整合,加强市场竞争。电讯指令保证用户在可支付的价格范围内,享受到最低限度的服务以及保护消费者的基本权利。通过一系列的指令,欧盟制定了竞争的、互操作性的、技术中性的电讯普遍服务的规则,为欧盟电讯提供了充分发展的蓝图。这 6 项指令分别是:

a) 2002 年欧共体第 77 号委员会关于电讯市场和网络竞争的指令。该指令对电讯的专有和特殊权利、网络和电讯服务、频率的使用、服务的指南、普遍服务的义务、网络电视作了规定。该指令中提出了三网融合的新概念,即:固定网和移动网的融合,通信网和互联网、广电网的融合以及下一代互联网的产业融合。成员国应该保证电讯服务,电讯服务网络的授权应该基于目标、非歧视、透明性等标准。

b) 在 2002 年 3 月 7 日欧洲议会和理事会颁布的欧共体 2002 年第 21 号关于电讯网络和服

---

① 见《欧共体条约》第 189 条和《原子能共同体条约》第 161 条。
② 《欧共体条约》第 111 条,第 113 页。

务的共同规则框架的指令。该指令主要是关于电讯网络和服务的一般规则框架,主要涉及处理国家法规司的独立性、程序透明的问题以及与地方的合作、设施的共享和标准化问题。

c) 2002 年 3 月 7 日欧洲议会和理事会颁布的 2002 年欧共体第 19 号指令,即关于电讯网络和附属设施利用和连接的指令。利用和连接指令涉及了法规机构互操作性和竞争的指南,主要用于协调成员国互联网络和附属设施的利用、连接。目标是为网络服务的供应商建立规则框架以促进竞争的可持续性和电讯服务的可操作性,保证消费者获益。

d) 2002 年 3 月欧洲议会和理事会颁布的欧共体 2002 年第 20 号指令,即关于电讯服务和网络的授权指令(简称授权指令)。授权指令除了尊重收音频率和号码之外,要求电讯网络或者服务要服从一般的指令。在执行授权时候,一个任务的承包需要提交一个申报书就可以了,不需要有相关的决定、个人的执照、国家法规司的行政命令等。

e) 2002 年 3 月 7 日欧洲议会和理事会颁布的欧共体 2002 年第 22 号指令,即关于电讯网络、普遍服务和用户权利的指令。该指令的目标是通过有效的竞争和选择,保证有质量的公共服务的可用性,以及明确处理用户不满意的途径,为服务商建立用户的权利和相应义务,提出了用户可以用付得起的价格,享受最低限度服务的规定。普遍服务指令包含一系列保护用户的规则和原则,其目的是保证自由化后电讯服务不会费用昂贵。该指令还明确规定虽然竞争和市场力量是满足用户需要最有效的方式,但是要给国家法规司以必要的权利保护用户的利益。

f) 2002 年 7 月 12 日欧洲议会和理事会颁布的欧共体 2002 年第 58 号指令,即关于电讯领域隐私保护和个人数据处理的指令。该指令指出在共同体范围内,随着新型的先进的技术在公共通讯网络中引进,产生了关于个人数据的保护和用户隐私保护的具体规定。信息社会的发展以不断推出新的通讯服务为特征。数字移动网络已经随处可用,这种数字网络有能力和可能处理大量的个人数据。这种成功的跨国界服务的发展,部分是依靠用户的隐私没有受到侵犯所建立起来的信心。该指令的目的是在保护电讯领域私人数据的处理和确保共同体范围内这些数据、电讯设备和服务的自由流动协同有效,使公民基本权利和自由受到保护,尤其是隐私权利的保护在成员国范围内处于同样的水平。

4.1.1.3 电讯指令在英国和法国适用的情况

欧盟的指令要求成员国应该在不晚于 2003 年 7 月 24 日将相关信息提供给欧盟委员会,委员会将会确认指令的规定已经由成员国转化为国内法。正如前文所言,指令只对它所达到的目标具有约束力,而对达到目标所使用的手段不具有约束力,所以电讯指令在成员国中的适用在方法上是各不相同,其中包括两种形式:一种是成立同时监管电信业、广电业的融合性监管机构,典型代表国家是英国;另一种是电信、广电监管机构互相独立,二者分工明确,相互协调,典型代表国家是法国。

1. 英国①

迄今为止,英国在电讯方面是贯彻欧盟电讯指令最好的国家。欧盟电讯指令发布以后,2003

---

① 转引自《传媒基本经济问题》。http://post.baidu.com/f? kz=31480621(检索日期:20071218)

年,英国新《通讯法》(Communication Act),经过 17 天激烈争论和五百多处修改后,在上议院获得通过。

该法案按照欧盟通讯指令的精神作了很大的调整:第一,通讯办公室成为最高的电信管理机关,取代原来 5 个部门(独立电视委员会、广播局、通讯办公室、广播电视道德委员会、无线电通讯局)。

第二,从市场准入的角度看,英国新通讯法律终止了"许可"制度,进入英国通讯、广播、电视、网络等市场不再像以前那样提交申请,只要向通讯办公室报告自己的意图即可。但是,为了防止市场操纵,法律要求通讯办公室制定"重大市场支配力量"(significant market power)标准,以期防止市场份额被少数企业控制。如果发生此类情况,要求有关企业必须承担额外义务,并采取包括控制价格、成本核价等措施促进竞争。

第三,从市场结构的角度看,英国新通讯法律放松了对传媒集中的管制。原来规定,除英国广播公司外,每家广播电视公司拥有的英国观众量不能超过 15%,报纸发行量不能超过 20% 的市场份额。1996 年《广播法》(Broadcasting Act)放松这方面的限制:一家公司拥有的市场份额可以超过 15%。在这种法律精神鼓舞下,企业兼并加剧,广播公司由 16 家合并成 2 家。2003 年新通讯法进一步放松了这方面的管制。与此同时,这部新法律规定,为了保护传媒业的多样性,鼓励投资和竞争,如果两家公司的兼并严重损害了传媒多样性,政府将由首相发布命令禁止其兼并,或者附加相关条件后才能批准。新法还规定通讯办公室每 3 年就要对市场结构进行一次评估。

2. 法国①

法国虽然广电、电讯机构相互独立,但是为了贯彻欧盟的指令,从"三网"即广播、电视、电信融合着手,这在欧盟电子通讯的框架指令中可以找到渊源。《管制框架指令》通过定义"电子通讯网"在网络层面为三网注入了融合元素。根据《管制框架指令》的定义②,电子通讯网"意指用于传输信号的目的传输系统、交换设备或路由选择设备以及允许通过线路、无线电、光缆或其他电磁手段传送信号的其他资源,包括卫星网、固定电信网(电路交换和分组交换,包括因特网)以及地面移动网、电力电缆系统以及广播与电视网、CATV 网,不论其传送的信息类型"。关于电子通讯业务,《框架指令》将其定义为"整个或主要在电子通讯网上传送信号所提供的业务,包括电讯业务和广播用的网上传送业务,但不包括提供或实施对使用电子通讯网和业务传送内容的编辑控制"③。由此可见,根据欧盟的指令,三网都是电子通讯网,电子通讯网既可以传送电讯业务,也可以传输视听业务。

为了支持三网融合,法国颁布和修改了以下法律,并且随着时代的发展,不断就其内容作了很大的调整:

---

① 转引自周光斌《法国的三网融合之道》,《中国电信业》,2006 年。http://tech.sina.com.cn/t/2006 - 10 - 17/00531186746.shtml(检索日期:20080103)

② Directive 2002/21/EC of the European Parliament and of the Council of 7 March 2002 on a common regulatory framework for electronic communications networks and services (Framework Directive). OJ L 108. 24 April 2002. p. 33.

③ Ibid.

作为电讯根本大法的《邮电法》首先被修改。由于时代发展,《邮电法》在 1996 年和 2006 年作了两次重大修改,并改称《电子通讯与邮政法》。后者充分吸纳了欧盟指令基本精神,在市场准入方面,除了无线频率和电话号码需要个别许可证或申领使用权外,将长期实行的电讯市场准入许可证制度改为"一般授权"。电讯业务提供者无需申请许可证就可以进入电讯市场,广播电视业自然也包括在其中。

法国的另外一部《电信管制法》是为了跟上欧盟 1998 年开放基础电信业务市场承诺而专门出台的一部监管法律。现在看来,法国的做法很独特,世界上像法国一样专门设立电信管制法的国家很少。《电信管制法》重点突出电信管制的系统性,全面包含了与电信有关的监管内容。《电信管制法》要求,所有公共网络运营商"应当客观、透明、无歧视允许……视听业务接入其网络"。这说明,电信法律要求电信网络对视听业务开放,无疑为视听业务进入电信添了一把火。

《视听通讯法》早在 1982 年就面世了,2004 年进行修订,改称《电子通讯及视听通讯服务法》,它同样具有浓厚的欧盟指令色彩。这部法使视听服务市场比以前更开放了,在竞争环境下电讯进入视听业不成问题。

《通讯自由法》是 1986 年颁布的,1996 年及其后曾多次多处被修改。该法重点针对广播电视业,也同时涉及广电和电讯两业的融合。主要内容有:规定开放新的通讯业务,发展地面数字电视(TNT);淡化广电监管机构对频率资源的指定或指配,实行频率资源招标机制;经营广电业务必须获得相关部门或机构的许可;地方政府或团体可以建立或掌管辖区内的广电网络;电讯运营商可以与广电企业通过合作方式经营有线电视网;电讯运营商在依法获得电讯主管部门批准后可以单独经营地方有线电视网。

欧盟电讯指令在各个成员国的贯彻实施,促进了电讯市场的自由竞争,推动"三网"融合,使传送网、接入网资源在内的多种资源的共享成为可能。通过资源的优化配置促进了电子政务信息资源的共享,以及使获取政务信息资源渠道多元化。公民不仅享受到了低廉的网络信息资源服务,而且随时随地通过广播、电视以及网络获取各种政务信息资源。

4.1.2 决定在成员国中的适用

4.1.2.1 决定的特点

《欧共体条约》第 189(4)条、《原子能共同体条约》第 161(4)条以及《煤钢共同体条约》第 14(2)条规定,"决定"系由理事会或委员会作出的,具有拘束力的立法性文件。"决定对其所通知的对象具有全面的约束力。""决定"具有如下特征:a) 特定的适用对象。决定的特定适用对象指决定有时不仅指向成员国,也指向成员国的国民,包括法人和自然人;b) 对特定适用对象的全面拘束力。从目标到方法,接受者应当完全依照决定的规定去行事,没有任何选择和自由裁量的余地;c) 直接的适用性。欧洲法院在其判决的 1970 年第 9 号案中认为决定是可以直接适用的,无须成员国以任何国内措施加以辅助①。

----

① Case 9/70 Franz Grad V. Finanzamt Traunstein [1970] ECR 837.

从功能和内容上划分,决定分为:行政性的决定、实施性决定、准司法性的决定。与指令相比,决定显得更具刚性。决定可以直接给收受对象规定义务,确定某项协议是否有效,处以某种罚款等。

4.1.2.2　决定的实施

欧盟电子政务各种阶段性的政策项目多以决定的方式实施,电子政务方面的决定有 IDA 项目的决定(包括 IDAII 项目的决定)、IDABC 项目的决定、TEN‑TELECOM 项目的决定、电子内容项目的决定等。本文以 IDA 项目为例,分析欧盟如何贯彻欧盟电子政务政策的决定。

IDA 项目于 1999 年建立持续到 2004 年。此项目的使命是协调成员国和欧盟委员会之间行政机构数据交换,支持单一市场的管理和共同体决策的过程,这个政策影响范围很广,涉及农业、就业、环境、统计、健康和消费者的保护等领域以及信息互操作性的基础性工具和措施等。

其实 IDA 项目第一期在 1995 年就开始运作。这个项目的主要功能是提高在成员国之间以及成员国和共同体机构之间的远程信息处理能力。在 1999 年开始的 IDA 第二期项目主要有两个目的:a) 关于行政机构之间的电子数据交换的欧洲网络跨行业项目;b) 致力于行政机构之间数据交换的泛欧洲远程信息处理网络,保证互操作性执行等一系列的措施。欧盟委员会由成员国的代表组成一个咨询机构即行政机构之间远程信息处理委员会(TAC)负责执行 IDA 的项目。所以 IDA 项目堪称是欧盟最老的项目之一,历时 10 年。IDAII 的政策由欧盟议会和理事会以1999 年欧共体 1719 号和 1720 号决定的方式作出,1719 号决定用于规定泛欧洲网络的一系列纲要性要点,故而被称之为《纲要决定》。1720 号决定用于规定保证泛欧洲网络互操作性所采取的一系列行动和措施,故而被称之为《操作性决定》。这两个决定为了配合 2005 年电子欧洲的行动计划曾做了部分的修改。

表 4‑1　1719 号和 1720 号决定及其修改日期

法　　案	生　效　日　期	官　方　文　件
欧共体 1999 年 1719 号决定	1999 年 8 月 3 日	OJL 203 of 03. 08. 1999
欧共体 1999 年 1720 号决定	1999 年 8 月 3 日	OJL 203 of 03. 08. 1999
修　改　案		
欧共体 2002 年 2046 号决定	2002 年 11 月 20 日	OJL 316 of 20. 11. 2002
欧共体 2002 年 2045 号决定	2002 年 11 月 20 日	OJL 316 of 20. 11. 2002

根据《决定》,IDA 项目的执行,将其目标分解成各个子项目,通过每个子项目执行的情况去分析和评估 IDA 项目的情况。

以 IDAII 决定为例(见图 4‑1),该项目决定分为两个部分,一个是关于在行政机构之间建立

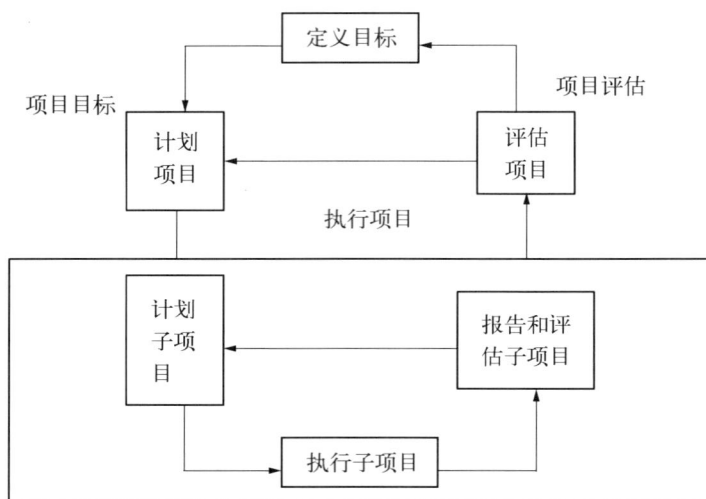

图 4-1　IDAII 项目的执行

电子数据交换的泛欧洲网络的一系列纲要、行业项目,以及关于在行政机构之间电子数据交换,保证泛欧洲网络互操作性和利用所采取的一系列的行动和措施。

欧盟一般根据《决定》将决定的目标分解成若干子目标项目,然后分别执行这些项目,根据子项目的情况去评估和计划新的项目,但是项目的执行必须以《决定》的要求为目标,在子项目的达成情况上不具有灵活性,对于子项目从执行和评估上都有严格的步骤和要求。

4.1.3　电子政务硬政策实施特点分析

欧盟电子政务政策的实施一般由欧盟委员会负责。指令和决定的特点不同,一般来说欧盟的成员国对指令的实施有一定的自由裁量权,而决定的执行必须按照具体的规定来执行。无论是指令和决定在实施过程中,都要根据程序来完成,并且受到法律的保护。具体来说欧盟硬政策的实施有以下特点:

第一,强制性。欧盟电子政务硬政策是以欧共体条约为后盾的二级立法,对于成员国来说具有直接效力,而且根据欧共体条约的规定,欧盟法具有优先适用性,所以欧盟电子政务政策的指令或者决定,成员国有履行的义务。如果成员国没有按照所指定义务完成,那么根据欧共体条约第 226 条,欧盟委员会可以控诉成员国没有履行指令,或者与条约的条款不一致,或者与条例、决定规定不一致的行为。除了委员会有权控诉成员国违规的行为外,根据欧共体条约的第 227 条的规定,如果某一个成员国认定另一个成员国未履行本条约的一项义务,它也可以将此事提交给法院;但是一个成员国在以违背本条约的一项义务对另一成员国提出诉讼之前,应该将该事项提交给委员会;委员会应该在给各有关成员国以书面和口头申诉其理由机会后,发表一项说明理由的意见;如果委员会在此事项提交之日起 3 个月内未发表意见,则缺少此意见也不妨碍将此事诉诸欧洲法院。

根据欧共体条约第 228 条规定：第一，如果法院发现某一成员国未履行本条约的一项义务，它应该要求该成员国采取必要的措施，必须遵循法院的裁决；第二，如果委员会认为有关成员国未采取必要的措施，它应在给该成员国申诉意见机会后，发表一份陈述理由的意见，指出在哪些点上有关成员国未遵循法院的裁决；如果有关成员国未在委员会规定的期限内采取必要的措施以遵循法院的裁决，委员会可以将此案件诉诸法院。在这样做时，委员会应该明确该由有关成员国支付的、它认为与情况适宜的一次性付款或罚款的数额；如果法院发现有关成员国未遵循其裁决，它可以对成员国课征一次性的付款或者罚款。

根据欧共体条约的款项，欧盟电子政务政策的实施过程中欧盟委员会和成员国都有权利监督政策的执行，成员国都有贯彻的义务，如果发现某一成员国违规，那将会诉诸欧洲法院裁决。例如在 2004 年，法国因电讯普遍服务的指令机制问题，波兰则因在国家法中不正确利用电讯指令，双双被送上了欧洲法院。欧盟电子政务硬政策实施的强制性保证了电子政务政策的贯彻执行。

第二，从实施方式来看，是自上而下的。欧盟电子政务硬政策的执行从政策形成到贯彻执行是自上而下的。无论是指令还是决定，虽然它们都有各自的特点，但是在推行的方式上却是清一色的。在政策创意过程中，已充分地听取和尊重了各个成员国的意见，一经确定，在实施方面就完全是刚性的，而且从欧盟委员会到成员国再到地方，是一刀切的方式。这种方式的优点有：a) 公平性。决定或者指令所指向的成员国都一视同仁的必须按照规定完成义务，而且成员国之间还有互相监督的义务；b) 内容的可操作性。欧盟电子政务政策决定和指令具有直接适用性，尤其是决定的内容对于成员国的约束力更加直接和明显；c) 有效率。硬政策的推行比较有效率，在很大程度上来源于它的权威性，因为是法律，而且鉴于欧盟法的直接效力和欧盟法优先原则，所以在执行时其效率是可以得到保证的。每一个政策的发布都有其具体的转化为国内法的最后期限以及评估的日期，这就强有力地保证了电子政务政策的执行。

4.2 电子政务软政策的实施

欧盟电子政务软政策的柔性不仅体现在它的制定方面，更重要的是表现在它的实施方面。与硬政策实施相比，软政策的实施不具备强制性，但是这类政策的实施效果并不比硬政策差，有其独到之处值得借鉴。

欧盟电子政务软政策的形式多样，例如：建议、通讯、理事会决定、行动方案等。因为软政策在实施上不依靠强制力保证实施，那么如何保证软政策在成员国中充分的贯彻执行，欧盟采用了特殊治理手段——即开放协调机制。该机制被称为欧盟软治理的重要方法，相当于欧盟新的治理方法和措施。[①]

① De Búrca, Gráinne, The Constitutional Challenge of New Governance in European Union, Unpublished Manuscript, 2002.

4.2.1　开放协调机制产生的历史背景

欧盟开放协调机制采用软的政策协调方式促进成员国的发展,有其深刻的历史背景。

第一,在经济方面,尽管在 1993 年欧盟单一市场项目正式完成,但市场失灵一再出现,政府必须出面协调。在这种情况下,这种尊重规律、尊重各方利益和各方积极性的新的协调方式,即"开放协调机制"应运而生。

第二,从政治方面,开放协调机制的使用,起初是为了集中解决欧盟社会方面的问题。一方面,成员国和欧盟都已经认识到提高竞争力和保存资本主义的福利模式需要共同的努力;另一方面,一体化过程所要达到的核心领域,成员国并不准备在主权上就社会政策达成让步。开放协调机制有助于解除欧共体方法在欧盟社会方面的约束。

第三,开放协调机制的建立也与欧盟第三个挑战息息相关,即 20 世纪 90 年代欧盟合法性的危机。在马约签署中体现了欧盟政治精英和公众之间的鸿沟,这个鸿沟主要体现在欧盟一体化的内容和节奏方面。在 1998 年和 1999 年关于贪污和食品安全的丑闻,更使欧盟面临严重的信任危机。欧盟民主赤字并不再是欧盟议会人口代表的问题,而是透明性、开放和责任性的问题。开放协调机制作为解决此问题的新措施,具有灵活性,在决策中引进了更多的民主的成分。并且通过弥补欧共体老方法的缺陷,重新获得了公众的信心。[①]

4.2.2　开放协调机制的原理

开放协调机制是指基于软政策,通过基准设定、最佳实践、定期评价和共同学习作为社会发展的协调方法。

通常意义上的开放协调机制包含"四大要素":第一,为达成短、中、长期的目标,设定欧盟的指导方针和精细的实践表;第二,建立适当的质化和量化的比较指标和基准,作为评比良好实践方法来比较各会员国及部门政策实施的情况;第三,各会员国和地区根据各自的情况,通过制定具体的目标,采取具体的措施,将欧盟的指导方针转化为各自国内的政策;第四,进行定期的监察、评鉴以及相互间的回顾评价,形成一个共同学习的过程。[②]

开放协调机制具有以下特点:a) 反复性。指开放协调机制是基于重复的使学习发生的过程;b) 结构的多样性。指开放协调机制深深植根于国家和行业的差异;c) 非等级性。指互动方式并不是自上而下的,而是网络的形态;d) 多层次性。开放协调机制包括次国家、国家和欧盟之间的互动协调,协调的目的不是废除多样性,而是交换和集体分析信息来认识,减少不相适应的方法、加强合作和增加效力和效率。

4.2.3　开放协调机制的意义

欧盟开放协调机制既然是欧盟新的治理方式,那么它新在哪里? 从开放协调机制和传统的

---

① J. Scott, D. M. Trubek, Mind the Gap: Law and New Approaches to Governance in the European Union, European Law Journal, 8(1), 2002,pp. 1 - 18.

② 转引自罗豪才等《软法与公共治理》,北京大学出版社 2006 年版,第 314 页。

治理方法比较(见表4-2)看出开放协调机制可以说是欧盟政治的全新方法,因为它与老共同体方法有很大区别。在欧盟层次共同的行动不再是进一步转移竞争力和具有约束力发展的同义词。实际上,开放协调机制已经设计出了基于权力部分让渡的一个灵活的、政治驱动的、非规则的措施。权力的部分让渡在3个方面影响了欧盟政治的传统方法,对于欧盟的治理产生了重大的影响:

表 4-2 开放协调机制和传统的治理方法的比较

开 放 协 调 方 法	传 统 治 理 模 式
容许分歧的协调性原则	执行标准一致性的原则
政府间协调:欧盟委员会、部长会议主导。欧洲法庭、欧洲议会角色模糊	超国家法律或条约管理:由欧盟委员会、部长会议、欧洲法庭和欧洲议会主导
决议准则不具有强制约束力	成文法律或者条约具有强制约束力
既定的循环执行程序	个别制定的相关执行程序
强调公民社会(公民伙伴)参与	部分强调社会伙伴参与
强调政策学习	不强调政策学习
强调政策领域间的关系及欧盟与各国之间关系的协调	未强调政策领域间的关系及欧盟与各国之间的协调

资料来源:施世骏《欧盟新治理模式与社会政策发展"开放协调法"兴起的历史脉络与政策意涵》,《台湾社会福利学刊》,2005,4(1),第1—50页。

第一,从理论上说,欧盟和成员国之间的任务分割保持不变,但在现实中有了重要的变化。集体目标的定位,曾经上载到欧盟的领域,虽然政权保持在国家政府的手中。建立在附属性和欧盟共同行动结合基础上的开放协调机制的使用,意味着在成员国和欧盟之间已经适用权力被分享,而不是权力被分割补充性的原则。在老共同体方法时代,分享竞争力的概念在一些政策中已经存在,例如,贸易政策中关于服务和知识产权领域。基于此,开放协调机制使用并不困难,这不仅仅是因为开放协调机制没有层次结构的复杂性,而且失败的成本也很低。

第二,长期以来,正式机构之间的安排是很难改变的,但是开放协调机制已经部分地改变了欧盟机构之间传统的平衡。这个机制依靠欧盟理事会和欧洲理事会的领导力,促进了欧盟委员会和理事会之间的紧密的合作。开放协调机制明显地排除了欧洲议会和欧洲法院两大机构,而以理事会和委员会为中心。

第三,权力的部分让渡暗示了参与欧盟决策的新的理解。开放协调机制明显的跨国界的、多维度的特点和执行程序,通过新的政治参与机制,超越了代议机制的参与基础。新的社会伙伴网络、非政府组织、次国家政府和其他重要的政治利益相关者为决策和执行构成了很强的压力组织和很坚实的民主平台。

4.2.4 开放协调机制在软政策实施中的应用过程

欧盟通常意义上的开放协调机制包含"四大要素"。但是,将开放协调机制应用到各个政策领域,所使用的方式都会随着政策实践情况有所改变,这也充分说明了开放协调机制本身就是一个灵活的、可操作性的工具。欧盟电子政务政策的执行主要采用了开放协调机制的原理,但是在具体软政策实施过程中,并没有完全使用开放协调的"四大要素",形成了具有自己特点的软政策执行手段和实施过程,这个过程可以归结为通过目标管理、电子政务排行榜,达到良好实践的传播,实现电子政务政策跨国衍射的过程。从目标管理到政策扩散是一个金字塔式的递进关系(见图4-2)。目标管理是软政策实施的最基本手段,通过考量成员国达标的情况,形成电子政务排行榜。而在电子政务评比活动中,会筛选出大量的有效执行电子政务政策的经典案例,这些经典案例,被称之为"良好实践"。欧盟将会组织成员国学习和交流这些经典案例,在互相学习和借鉴过程中,实现电子政务政策优秀实践成果的跨国扩散。

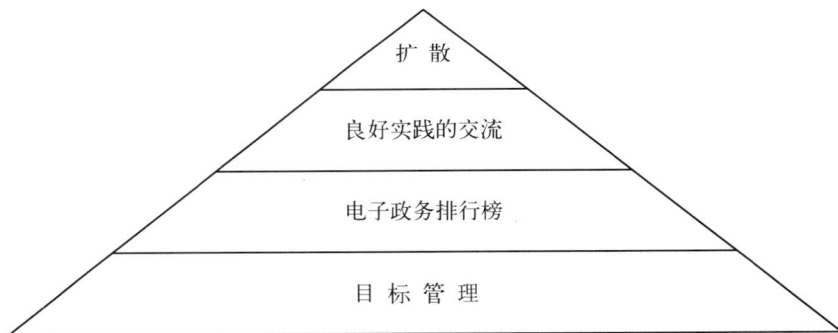

图4-2 欧盟电子政务软政策的实施手段及过程图

4.2.4.1 目标管理

目标管理并不是一个新鲜的名词,早在1954年美国管理学家杜拉克就已经使用了"以目标管理与自我控制"的名词。目标管理的主要观点是,把各项任务转化为目标,管理者依据目标对下级进行领导,并逐渐分解,以完成的情况考核评价,根据结果施以激励。欧盟实践开放协调机制是基于软政策,例如指南、指标、基准作为社会的调解机制。而欧盟使用的开放协调机制基本的原理也是目标原理,将目标层层分解、量化,而这些量化的指标不仅仅是政策实施的标准,也是政策实施效果的评估标准。

欧盟在实施电子政务政策时,将政策目标分解成行动方案。例如电子欧洲行动方案的目标是:通过广泛利用宽带,发展现代的公共服务和建立有活力的电子商务的环境,制定有竞争力的服务价格和铺设安全的信息基础设施。电子欧洲的行动方案已经更新过两次,分别是由2000年Feira欧洲理事会签署的2002年电子欧洲行动方案和在2002年Seville理事会上签署的 2005 年电子欧洲行动方案。因为电子政务是电子欧洲的子项目,所以电子欧洲的行动方案中也包括电子政务的行动方案,欧盟电子政务的行动方案自然也就转化成成员国电子政务行动方案的参照。

然后,欧盟将行动方案量化成指标和基准,衡量各个成员国政策实践的成果。例如电子欧洲的基准目标,以成员国之间可比较的指标和数据集合为基础,致力于支持成员国达到行动方案的目标。这些指标涵盖不同的领域:公民使用和利用互联网、企业利用和使用信息通讯技术、互联网利用的费用、电子政务、电子学习等。目前欧盟委员会已经发表了 i2010 高级研究组制定的 i2010 基准框架。这个框架在 2005 年就由来自欧盟委员会和 25 个成员国的统计师和政策发展者参与制定。在 i2010 基准框架将会与新指标互为补充测量 20 个基本的服务。在 2006 年建立的 eGEP 项目,主要研究经济和电子政务的测量,欧盟委员会提出了提高和发展电子政务的实验指标,主要集中于网络服务质量、影响和使用等方面。同年 5 月召开的电子政务会议采纳了一系列的指标用来衡量行动计划的优先活动。鉴于电子欧洲基准数据的连续性和整个 i2010 战略安排的需要,欧盟委员会、成员国和承包商已经决定制定初步的基准包括 3 个组成因素:实用性、复杂性和以用户为中心。电子欧洲基准(包括电子政务的基准)是成员国电子政务发展的目标,同时也是欧盟对电子政务评估的基础。

4.2.4.2 电子政务排行榜

基于目标管理,每年欧盟都要举行电子政务排行榜的评比活动,衡量成员国电子政务政策的实践情况。欧盟目前举行了多次电子政务的排行榜,根据网络的成熟度和网络的利用度,衡量每个国家电子政务发展的情况。自从 2001 年以来欧盟电子政务的排行榜,大大刺激了成员国电子政务的发展。在 2004 年欧盟东扩,新的 10 个成员国加入欧盟,欧盟电子政务发展水平整体有所下降。因为欧盟 2003 年电子欧洲附属计划的实行和先进国家电子政务政策良好实践的传播,在 2006 年 4 月第六次电子政务的排行榜中,新的成员国电子政务发展成绩卓著。

另外,在电子政务排行榜的基础上,欧盟还设立了电子欧洲奖,每两年举行一次,其目标是在欧盟成员国、候选国家和欧洲自由贸易协会的国家中促进良好实践的传播。例如 2007 年以“转变公共服务”(Transforming Public Services)为主题的“第三届欧盟部长级电子政务会议”评出了建设电子政务奖、服务变革奖、企业与公民奖和影响力奖四大奖项。通过电子政务排行榜和设立电子欧洲奖的措施,评比各个国家电子政务发展的情况,促进了成员国之间经验的分享和学习,对于促进欧盟成员国电子政务均衡的发展,达到里斯本战略目标和使欧洲在 2010 年成为世界上最具有知识经济力的地区起了积极的推动作用。

虽然电子政务软政策没有法律约束力,但是通过电子政务排行榜方式,每个国家可以知道各个国家执行电子政务政策的情况。即使落后国家没有官方的制裁,基于这种同行的压力、点名和耻辱感,成员国会积极执行电子政务软政策,因为没有一个国家希望在电子政务排行榜中成为最差的典型。这种实施的规则类似道德、伦理等其他软规则,靠“谴责—丢面子”带来的“出局”压力来实施,违反软政策者必须承担“出局”的责任后果。这种“出局”不能被理解为该主体受到某种物质上的剥夺,或是原来属于某一共同体的身份丧失,而是指它不能再和谐地融入原来的共同体,它在这个共同体中处境尴尬。这种“出局”虽然不一定会产生立竿见影的效果,但出局者会遭到轻视,自己也会感到丢脸。① 为了避免出现这种不利于己的局面,成员国就会有动机遵守这些没有国家强制力的软规则。

4.2.4.3 良好实践的传播

电子政务排行榜有力地昭示了各个成员国电子政务政策实践的情况。在电子政务政策实践成果评比的活动中,必然会产生很多具有前瞻性的、解决电子政务实际问题的典型的、优秀的案例。这些良好实践的案例,就是各个成员国在电子政务政策实践发展中借鉴和学习的对象。

那么什么样的成果属于良好实践呢?良好实践的成果不一定是最好的、理想的或者是完美的成果,但它是能真正解决实际生活的问题,代表事物发展的前沿理念并且为其他人提供有益的经验,能够刺激创造性、自我反省和其他好的成果传播的典范。

欧盟非常重视良好实践的传播。2003 年电子欧洲大会中指出:"欧盟和成员国的提案应该加速电子政务的发展和使用,增加良好实践的影响,在考虑到成本的基础上普及人群的使用。"② 同时在 2005 年电子欧洲行动方案中也指出:"电子欧洲将会促进经验、良好实践和项目的交流,吸取失败的教训,加速应用和促进基础设施的发展。为了促进良好实践的传播,委员会和理事会将会组织电子政务研讨会以及通过网络宣传良好实践。"③ 为此,欧盟设立了 MODINIS 项目,该项目的主要目标是审查电子欧洲计划发展、传播良好实践和提高网络信息安全。该项目指出:"在国家和地区层次上,支持在电子欧洲框架内成员国所做的分析电子欧洲良好实践、建立经验交换机制所作的努力。"④

为了促进良好实践的进一步传播,后来,欧盟在几则通讯中提出建立全面的、持续的良好实践的框架促进良好实践的必要性。为了增加可能的合作和促进使用电子政务的方案,理事会也在其结论中呼吁建立良好实践的交换框架,认为良好实践交换框架的实行将有助于电子政务的使用,实现在欧洲范围内一流的公共行政。

在 2003 年 7 月在科莫举行的电子政务部长级别的会议上,提出欧盟电子政务良好实践的框架。该框架包括 4 个部分:

第一,良好实践模板。该模板用比较的方法描述电子政务良好实践案例。这些案例包括服务型案例、互操作型案例、后台组织革新案例等。通过模板正确记录每个良好实践的情况,有待于评估。

第二,良好实践案例评估标准。框架中设置了达到良好实践的各种标准。这些标准具有灵活的适用性,既可以用于自我评估也可以用于独立专家的深层次的分析。评估的标准包括质量、优点和可转移性。为了保证清晰明确,成员国所提交良好实践案例需要通过质量控制的检查,看是否符合模板描述的标准、评估的标准等。

---

① 见罗豪才等《软法与公共治理》,北京大学出版社 2006 年版,第 231 页。

② European eGovernment Conference 2003, Ministerial Declaration, Como, 7 – 8 July 2003.

③ Commission of the European Communities, eEurope 2005: An Information Society for All an Action Plan to be Presented in View of the Sevilla European Council, 21/22 June 2002.

④ Commission of the European Communities, Adopting a Multi-annual Programme (2003 – 2005) for the Monitoring of eEurope, Dissemination of Good Practices and the Improvement of Network and Information Security (MODINIS), 23 January 2003.

第三，良好实践可转移性分析。促进良好实践的转移是框架中的关键因素。转移性分析包括：a) 分析阻碍转移的各种因素，例如法律、组织和学习等方面的因素。尤其是在地区和地方关于电子政务服务发展的预测性分析；b) 参考现存的转移案例的情况，提供许多可转移的提案；c) 通过良好实践案例的报告，支持对于好的模型的复制；d) 通过对专家、承包商和合作机构建立伙伴的关系，例如在城市和地区之间建立"连理"关系，宣传伙伴关系的榜样。

第四，良好实践称号的授予。良好实践称号的授予将刺激对公共行政、网络机构和组织者积极地参与到框架的丰富和发展上来，并且良好实践案例的筛选将随着电子政务的进步而不断发展。

良好实践称号分为以下大类：a) 良好实践的案例。在部长级电子政务大会中所授予的电子欧洲奖项的案例，作为良好实践的案例在成员国中将加强传播和学习；b) 良好实践的伙伴关系。主要表现在合作中网络关系和连理关系的好榜样，主要体现在企业与行政机构之间良好的互动关系；c) 良好实践的会议。希望授予称号的组织者应该充分地利用经验和良好实践的案例，加强企业、行政机构甚至个人之间的交流和学习，推动良好实践提案的实现。大会组织者应该包括大会项目的特殊研讨组和良好实践的展览，这对良好实践框架的丰富起到积极的促进作用。

另外，为了推动良好实践的传播，可以在网上自由使用案例分析和其他文献的智能数据库，例如 2001 年和 2003 年的部长级电子政务大会的案例，是作为数据库中首批入库的案例。这个数据库将会提供各种各样的关于执行良好实践的项目和研究。数据库除了自我评估外，还可充分利用模板和自我评估标准以及质量控制检查来进行评估，之后也可以将筛选出来的优秀案例，提交给专家进一步审核。

欧盟电子政务良好实践框架将各个国家优秀的电子政务政策实践活动评比出来，按照国家、主题和国家（竞争力、公民和合作）、用户和服务、政府的层次（地方、地区和国家等）、整合、合作和伙伴关系（包括垂直的、横向的、政府和私营之间的关系等）等类型将各种良好实践的案例公布在网上，各个国家、机构和组织通过互相学习先进的经验，加强电子政务政策的扩散功能，在欧盟电子政务政策的实践中发挥着重要的作用：a) 有助于促进知识的共享；b) 有助于电子政务服务平台互操作性发展的连续性；c) 有助于节省电子政务服务的成本和提高服务质量；d) 有助于促进更加开放、包容的和多产的公共行政。

良好实践案例：波兰 KSI ZUS

波兰 KSI ZUS 是 2007 年第三届电子政务大会中评选出来的最新良好实践案例之一，获得"建设电子政务"奖的称号。

KSI ZUS 是波兰社会保障机构（ZUS）的综合计算机系统（KSI）。这是一个覆盖波兰全国的项目，构建于养老金改革架构之上，主要是配合养老金制度的改革。该项目规定，从 1999 年 1 月以来，已投保的 2 000 万民众中的每个人都必须开设一个账号，以确保系统自动为他们收集社会保险和健康保险的相关信息。

波兰全国共有 200 万雇主，他们必须每月为所有员工缴纳保费，这样每年将产生超过 2.6 亿份的结算单据。这些结算单都将通过电子化手段进行处理，这要归功于该项目中所采用的全面的、安全的信息技术解决方案,该方案是该系统的核心部分。目前,该项目处理的信息是养老金改革前的 13 倍多。

ZUS 是波兰首家实现通过安全电子邮件提交文档的公共机构。对小型企业而言,他们可能还在使用传统的复印拷贝,只是借助技术先进的文档扫描系统,来对纸质信息进行数字化和存储。在该项目中,75% 以上的领款人电子文档都是通过名为"付款者"的软件自动完成的。该软件是 KSI ZUS 系统的一部分,它处理的信息占到了所有提交给 ZUS 信息的 90%。这种电子信息传输渠道还可以和开放端养老基金、金融中介以及国家医疗保健基金互相连通。

该系统安全可靠,交互方式多样,公民和企业都可以通过该系统与政府交互,在线填写退休金信息。该系统也允许中介组织代表公民或者企业使用该系统。每年需要处理的这类文件超过 2 500 万份,其中 90% 都是网上填写的。

该项目的实施为波兰的工人们提供了一个基础平台,使他们在退休前能更好地规划养老金储蓄。同时,也为政府现代化提供了一个新模式。

评委会评语:

该系统对制度变革的强有力推动作用给评委们留下了极深的印象。在很短的时间内,它就对中介组织、雇主和被保险者产生了巨大影响。该系统对其他部门和国家都极具推广价值。

该案例见:http://rw.hqu.edu.cn/bbs/dv_rss.asp?s=xhtml&boardid=41&id=294&page=1

4.2.4.4 电子政务政策扩散

欧盟这种基于目标管理,组织电子政务排行榜,在欧盟范围内学习和交流电子政务良好实践成果的实施机制,其根本目的在于通过良好实践的交流,学习良好实践的经验,并且扩散或者部分扩散良好实践,减少政策实践的成本。

政策扩散是一个复杂的过程,与此相关的概念有很多,例如政策的集中、政策的学习和政策的转移等。欧盟电子政务政策良好实践的扩散可以总结为通过政策学习、政策转移途径达到政策扩散,走向政策集中的过程。

首先,电子政务良好实践的推广,是成员国之间政策学习的过程。开放协调机制中指出,以学习为动力,加强成员国之间经验与教训的交流和学习。关于政策学习(policy learning)的概念存在两种不同的观点。彼特·华尔认为,政策学习是正式公共政策议程的一个部分,在这中间,为什么一些动机会成功,而另一些动机会失败?如果政策变化是学习的结果,那么变化的推动力源于政府正式政策议程之中。[①] 而对于休·赫克拉来说,政策学习被看做政策决定者基于外部政策环境变化的反应所采取的一种活动。外部环境发生了变化,政策决定者要获得成功,必须相应的调整自己的行为[②]。欧盟电子政务政策学习过程中,二者兼而有之。一方面,成员国互相学习电子政务政策,汲

---

① P. A. Hall, Policy Paradigms, Social Learning and the State — the Case of Economic Policymaking, Comparative Politics, Vol. 25, No. 3, 1993, p. 278.

② Hugh Heclo, Modern Social Politic in Britain and Sweden: From Relief to Income Maintenance, New Heaven: Yale University Press, 1974, p. 300.

取有关电子政务政策的成功经验和失败的教训;另一方面,通过学习和借鉴,调整自己国家的电子政务政策的发展思路和实践策略。可以说,政策学习既是政策变化的动机,也是政策变化的结果。

其次,电子政务良好实践的传播,也是成员国之间政策转移的过程。那么什么是政策转移呢? Dolowitz 和 Marsh 认为政策转移"是一个过程,在这个过程中,在一个时间或地点存在的政策、行政管理措施被用于在另一个时间、地点来发展有关政策的知识、行政管理措施[①]"。政策的转移并不仅仅是模仿其他国家的政策,而且包括在交换政策内容方面深刻的变化。[②] 电子政务政策转移,通常指在一个地区、一个国家内部包括企业之间、行政机构和企业之间、私营机构之间良好实践的传播。

电子政务政策的学习和电子政务政策的转移是一个相互转化和相互渗透的过程。在政策转移中,就有学习的过程。而政策学习的目的也是为了更好的实现政策转移。无论是政策转移还是政策学习,其结果都有可能导致政策的扩散。

政策扩散指的是一个过程而不是一个结果,其结果会增加跨国政策的相似性,导致政策的集中。[③] Busch 等将政策集中分为 3 种[④]:国际融合,指在多边协定中参与国家达成的国际和超国家组织协定的法律义务;强加的政策;政策的扩散,指的是国家政策的制定者自愿的采纳与国际交流的政策模式,即自愿转移的过程,而非强加的过程。在这里,欧盟电子政务政策的集中是成员国通过传播良好实践,自愿转移政策达到政策扩散,并没有任何外力的强加,最终导致政策集中的自觉行为。

欧盟电子政务软政策的实施机制,是一个过程,这个过程中融合了各种手段和策略。而到成员国之间良好实践交流和传播的阶段,实际上是欧盟电子政务政策在成员国之间自愿、自觉扩散的过程,这种优秀的政策实践成果的不断扩散,必然会在欧盟电子政务领域增加政策的相似性,也就是会达到政策的跨国集中(见图 4 - 3)。

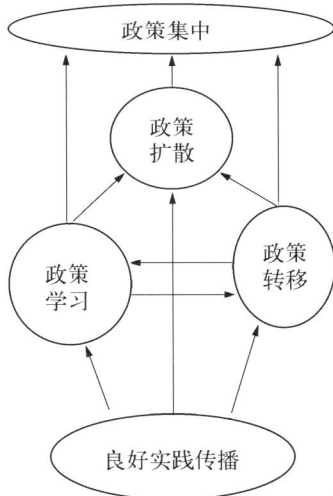

图 4 - 3　良好实践传播途径

政策扩散和政策转移在很多方面有交叉的地方,有时候无法分清楚是政策扩散还是政策转移,但是一般认为政策转移是政策扩散的一方面,也就是说政策扩散的外延更加宽泛。可以将政策学习、政策转移概括为政策扩散的一种方式,其中政策学习是政策扩散和政策转移最基本的要素,其最终目的会达到政策集中。另外,政策转移和政策扩散差

---

①　Dolowitz and Marsh, Who Learns What from Whom: a Review of the Policy Transfer Literature, Political Studies, 1996(44).

②　Rose, Richand, What is Lesson D-awing, Journal of Public Policy, Vol. 11, No. 1, 1991, pp. 3 - 30.

③　Z. Elkins, B. Simmons, On Waves, Clusters and Diffusions: a Conceptual Framework, the Annals of the American Academy of Political and Social Science(Special Issue: The Rise of Regulatory Capitalism: The Global Diffusion of a New Order, Guest Editors: D. Levi-Faur and J. Jordana) 598, 2005, p. 36.

④　Busch, Jörgens, The International Sources of Policy Convergence: Explaining the Spread of Environmental Policy Innovations, Journal of European Public Policy, 12(5), 2005, pp. 84 - 86.

别之处还在于：a）虽然政策的转移和政策的扩散都关注其过程，但是政策转移更注重政策的内通和变化过程，而扩散则关注政策转移的模式；b）政策转移更多的强调政策在一个国家、地区内部的衍射，而扩散强调跨国政策的辐射。

因此，政策集中是政策学习、政策转移、政策扩散的结果。在电子政务政策领域内良好实践的传播，不可避免地会增加一个地区、一个国家甚至是跨国政策的相似性。当然，这种相似性并不是源于政策的拷贝和粘贴，而是注意了政策对环境的适应性，在本土化政策过程中，要不断做好政策相应的调整和创新。

4.2.5 电子政务软政策实施特点分析

欧盟电子政务政策通过多年的具体实践，取得了良好的成果，这与欧盟有效的电子政务政策的实施机制不可分，所取得的成就也是有目共睹的。软政策实施最大的优点是其柔性化的方式实施电子政务政策，不仅尊重了各个成员国发展的多样性特点，同时又积极地促进了电子政务政策在各个成员国目标的达成。具体表现在以下几点：

第一，非强制性。软政策的实施不以法律为后盾强制实施，而是依靠政治、社会压力和"谴责—丢面子"等手段来推行，违反软政策的国家必须承担"出局"的后果。电子政务排行榜就是一个很好的例证，虽然这种"出局"不一定会立刻产生效果，但是从长远来看，成员国虽未受到"制裁"这样严重的惩罚，但是其各方面的利益将会受到严重的影响。因此，这种软政策实行的方式，类似于道德、伦理的规范，软中带硬，柔中带刺，与电子政务硬政策的实施遥相呼应。

第二，双向性。所谓双向性是指欧盟电子政务软政策的实行是"自上而下"和"自下而上"相结合，互动的过程，而不是自上而下单向执行的过程。欧盟和成员国在电子政务软政策实行过程中是一种互动合作的关系。问题的解决并不是基于等级制而是通过协商的方式达到政策的有效执行。在政策具体的执行中，一方面，要求成员国满足电子政务政策的整体目标，通过制定具体的行动方案指导成员国电子政务的发展，具有自上而下的特点；另一方面，在成员国实施政策过程中，又主张成员国之间互相学习，带动成员国发展的积极性，这又体现了自下而上的优越性。

第三，弹性。弹性体现在欧盟电子政务软政策的实施中，鼓励成员国发展个性化的、不受欧盟主宰的电子政务政策路径。软政策的推行涉及欧盟、成员国、地区和地方各个层次，软政策实施中只是设定了欧盟成员国达到的参照目标，成员国将其转化成国内政策，制定适合自己的行动方案，将其贯穿到各个层次。虽然有欧盟政策方案作参照，但是允许成员国达到目标的路径是可选择的和多样的，所谓"条条道路通罗马"。成员国在目标达成方式上是不受约束的，可以充分发挥成员国自治能动性。而欧盟只需通过基准、指标评估成员国电子政务的发展状况，比较成员国电子政务发展的最新进展，选出成员国发展电子政务的良好实践案例，授予奖项以资鼓励。同时，通过对良好实践的宣传，加强成员国之间经验的学习和交流，促进成员国电子政务的发展。

4.3 电子政务政策实施机制评析

政策有效执行是相对于政策实施偏差而言的,是指政策在实施过程中要寻求一种管理方法以消弭政策目标(战略、前景)与实际结果(绩效、产出)之间的差异。欧盟电子政务政策是在群体讨论和多方博弈的基础上达成的共识,所以欧盟电子政务政策的实施有着丰厚的群众基础。整体来说,在电子政务政策实施过程中,以权威为后盾的硬政策,辅佐以柔性的软政策执行,两种方式互相补充,在实现电子政务政策目标中产生了良好的效果。无论是电子政务政策实施的手段、内容、过程都体现了刚柔并济、软硬结合的电子政务政策实施的特点。

第一,在政策的实施手段上,软硬兼施,但以软约束力为主。欧盟电子政务硬政策的推行主要依靠欧盟强制力保证实施,如果成员国违反法规,将会被起诉到法院承担法律后果;而软政策实施过程中的软约束力主要凭借制度、舆论导向、文化传统和道德规律,以目标管理、排行榜、良好实践等为手段,发挥自律和外在舆论监督的作用,鞭策成员国推动电子政务政策的发展。

第二,在实施内容上,单一性和多样性并存。欧盟电子政务硬政策实施手段尤以推行电子政务技术政策为主,比如安全、隐私保护、互操作性等政策。技术方面的政策通过强制力保证实施,可以跳出成员国政治体制的限制,得到各国的支持,并能够很好地贯彻执行;软政策的实施则内容多样,涉及电子政务各个方面,比如公共服务、技术、政府改革等。因为软政策实施主要通过基准、指南、纲要等不具有法律约束力的措施,因此政策调节的范围更加宽泛和多样化。

第三,实施过程中,命令和导向并举。欧盟电子政务硬政策一旦形成,就没有商量的余地,各个成员国就必须很好地执行,否则就要承担法律后果;而软政策的实施过程中,则以导向为主,引导各个成员国完成政策目标。这个过程是开放和协商性的。从目标的推广到良好实践典型的树立具有强烈的范式作用。

对于欧盟,总体而言,硬政策实施手段并不陌生,但在欧盟治理框架内,融入软政策实施机制,对于欧盟来说,也是形势所迫。

在20世纪90年代以来,欧盟一体化的发展迅速,欧盟原来传统的、超国家的、自上而下的共同体的命令、控制的手段是否依然是一个合适的方法,很多人对此产生了质疑。人们开始思考应该采用和挖掘新的政府间或者非政府间的形式以确保欧洲的良好治理。随着治理理念的普及,公共治理的思想融入欧盟一体化的发展中,解除和放松管制成为欧盟立法政策一体化发展中的关键点。于是,在1992年爱丁堡理事会上确立了辅助性和适当性原则写入《欧共体条约》的第5条。这两大原则将管理主位下移,促进了更加多样的、分散的欧盟管理机制。

随着时机的成熟,在2003年,欧盟治理的白皮书中确立了欧盟多层次治理的模式,这种治理模式的引入本身对欧盟的一体化的发展具有重要的影响。在欧盟传统的治理模式中,融入了更多灵活的治理手段和方法。治理与传统的管制是有很大区别的。在治理的过程中,强调:a) 多元利益主体①的民主参与；b) 通过机制和制度的规范加强主体行为之间的互动；c) 在价值的追求上，主张公共利益与私人利益的和谐平衡，在兼顾公共利益和私人利益的基础上，实现公共利益的最大化；d) 在治理的方式上，实现多元利益民主化和市场化，借助程序正义实现实体正义，并通过实体正义体现程序正义。因此，过去单一的硬政策管制模式不再适合欧盟这种多层次治理的架构模式。在新的治理机制下，必然要采用新的管理方法，适应新的环境。如 Morth 所言："在经济全球化、政治民主化、经济市场化的时代背景下，由开放的公共管理与广泛的公众参与整合而成的公共治理模式，正在取代传统的公共管理或者国家管理模式，日益发展成为公域之治的主导性模式。这种趋势不可逆转，软政策与公共治理的内在关联性，集中体现为'软治理'与软政策的形影不离。在统治的模式下法律是硬的，而在治理的模式下法律是软的。"②

欧盟软政策实施机制的形成虽迫于形势，但却产生了意想不到的后果，即在很大程度上改变了欧盟的制度安排。在新的治理模式下，欧盟委员会在政策实施过程中并不具有垄断地位，不再制定详细具体的政策方针，而由成员国提交报告后，会同理事会对报告进行评价，形成非强制力的建议，以指导各国的实践。而政策是否有效，在开放协调过程中受到监督，在这里国家层面或次国家层面的行动计划、基准的设定、同行评价和背后潜在的议会决议，替代了共同管理方式中的委员会的直接干涉，以及基于欧洲竞争法而提起的政府诉讼。③

具体而言，这种改变可以概括为 3 点：a) 欧盟委员会角色的转变。在过去，欧盟委员会对于成员国政策执行方面，是政策监督者的角色，而现在变成了政策评估者的角色，即对政策基准信息和比较分析方面起着重要的作用。因为欧盟委员会角色的转变，缓解了成员国与欧共体之间的矛盾，将成员国作为主角推向舞台，调动了各个成员国的积极性；b) 在共同目标的感召下，成员国优先政策主导地位的确立，缓解了成员国政策的多样性与共同目标之间的矛盾。欧盟电子政务政策的共同目标是欧盟成员国所达成的共识，在这种情况下，欧盟各个成员国根据共同目标制定国家行动计划。在制定国家行动计划方面，成员国有很大的自主性，可以根据各自的国情采取不同的方案，并且要在欧盟层面上进行协调，统合各种分散的政策；c) 促进基于知识学习的政策转移。欧盟电子政务政策通过成员国之间政策学习，增加彼此的知识积累，达到知识扩散的目的，电子政务政策的良好实践框架是知识学习和知识扩散很好的范例。

值得一提的是，虽然标准的软政策协调机制分为四大要素④，但这四大要素的执行，根据不同的领域，可能只实行其中的一部分。例如欧盟电子政务政策的实施并没有完全按照开放协调机制的这 4 个过程，只是设立了电子政务政策的基准和目标、排行榜、良好实践的交流等方式来推广电子政务政策在成员国中的扩散。是否完全采用"四大要素"，这要根据"政策领域的具体特征、欧盟的竞争条约和成员国采取联合行动的意愿"⑤。通过以上分析，说明软政策的协调机制

---

① 包括各类公共权利主体，还包括私人组织以及公民个人等权利主体。

② Ulrika Morth, Soft Law in Governance and Regulation: an Interdisciplinary, Cheltenham Edward Elgar, 2004, p. 1.

③ 见罗豪才等《软法与公共治理》，北京大学出版社 2006 年版，第 316 页。

④ 同上，第 314 页。

⑤ Jonathan Zeitlin, Introduction: The Open Method of Coordinaton In Question, Forthconing in Jonathan Zeitlin and Philippe Pochet with Lars Magnusson(eds.), The Open Method of Coordination In Action: The European Employment and Social Inclusion Strategies, P. I. E. -Peter Lang, 2005.

是一个非常灵活、有效的治理方法,具有很强的适应性。

欧盟电子政务政策的实施,软政策和硬政策功能互补,共同推动欧盟电子政务政策的发展。但是对于中国来说,法律的缺位和立法工作的不平衡,已经严重地影响到中国电子政务推行的效果①。"到目前为止,中国仍没有一部法律或者行政法规系统地规定电子政务。并且,明确提到'电子政务'概念的法律文件只有一条,即《行政许可法》第 33 条。"②在政策发展中,对电子政务的认识和界定是非常重要的。在中国电子政务政策的发展并没有一个系统的规划和认识,所以上升到法律层次的定位则要有待时日了。相对而言,欧盟电子政务政策制定和实施都比较成熟。尤其是在政策实施中,采用软硬兼施的措施,有力地推动欧盟电子政务政策的发展。

总体来说,中国电子政务政策的实施存在两个问题:第一,电子政务硬政策供给不足,表现为硬政策阙如或者制定硬政策的条件不够成熟;第二,中国对于软政策的研究也刚刚进入起步阶段。虽然在很多领域,软政策已经在发挥其实际作用。但至少在电子政务领域,中国电子政务软政策还没有很好地凸显其有效的功能。

在这种情况下,如果软政策在电子政务发展领域能够先行一步,制定各种原则性的大纲、基准、指标等规定,作为硬政策的实验。这些电子政务软政策在经过反复试错和不断完善,通常会成为电子政务硬政策的渊源。

再者,在一个充满不确定性、多元利益关系冲突频繁、信息不完全的现代社会,仅仅依靠硬政策显然不足以满足人们对规则的依赖和对秩序的需求③。所以,在中国,目前没有成熟的电子政务硬政策的情况下,一方面要加强电子政务硬政策的制定。同时,也要充分发挥电子政务软政策的调节功能,为硬政策的制定和实施准备条件的过程中,充分利用其柔性的制定和实施特点,促进中国电子政务政策整体协调的发展。

因此,在中国电子政务政策起步阶段,能够充分认识到硬政策和软政策的关系和特点将会对制定中国有效的电子政务政策起到良好的作用。虽然软政策和硬政策各有利弊,但是可以优势互补。软政策的柔性、回应性、灵活性、协商性、互动性、共识性、亲和性、自觉性、经济性等既是优势,又是其劣势;同样的,硬政策的刚性、确定性、可预期性、普适性、单方性、强制性、权力性等,也既是其优势,又是其劣势。④ 鉴于硬政策和软政策之间明显的互补性,在电子政务政策执行过程中是并行不悖、缺一不可的。两种政策刚柔相济,各占其长,软硬兼施,可以最大限度地发挥政策的规范和调整功能,推动电子政务政策目标的实现。

① 见毛江华《弱在立法 中美电子政务存差距》,《计算机世界》,2007 年第 1 期。
② 同上。
③ 见罗豪才等《软法与公共治理》,北京大学出版社 2006 年版,第 57 页。
④ 同上,第 68 页。

5 欧盟电子政务政策的评估

电子政务政策的评估与电子政务政策的制定和实施有密切的关联，它自身确实可以独立存在构成政策过程的一个环节，同时也可以分别构成政策制定过程、政策实施过程的一个环节，一个不可缺少的组成部分。为了讨论研究问题的便利，笔者将其独立成为一章，专门予以讨论。这当然丝毫不损害政策评估在政策制定和实施过程中的地位及不可忽视的重要影响。

5.1　电子政务政策评估的涵义及作用

自从 1951 年美国学者拉斯韦尔提出"政策科学"的概念以来，世界各国学术界、政界对政策研究的重视程度与日俱增，政策研究的范畴也从决策前的政策分析逐渐扩展到政策制定、实施、评估等各个方面。其中"政策评估"是一个很重要的内容。广义的"政策评估"包括政策的事前评估、执行评估、事后评估 3 种类型①，但目前国外一些学者将政策的事前评估归入"政策分析"（Policy Analysis）的范畴，而狭义的"政策评估"则专指事后评估②。拉斯维尔所言：政治学家正在日益关注"谁得到了什么"？而在过去，他们主要的兴趣在"何时达到"和"如何达到"？③ 评估在欧盟电子政务政策过程中具有重要的作用，对欧盟电子政务政策的制定和实施都有不可忽视的重要影响。它既可以反映电子政务政策的实施效果、实施水平，也可以反映电子政务制定工作的质量和效果，同时可以为电子政务政策的制定和实施提供重要的依据。

5.1.1　电子政务政策评估的涵义

评估通常指根据一定的标准去判断某一特定系统的整体状态，或系统内部诸要素的结构与功能状态，判断系统产出数量和质量水平及与预定目标的差距等基本情况，从而得到特定信息的过程。

具体给政策评估下定义，则众说不一，基本上可以从 3 个方面认识：第一，范围仅限于政策

①　Piric A, Reeve N. Evaluation of Public Investment in R&D — Towards a Contingency Analysis. Policy Evaluation in Innovation and Technology：Toward Best Practices(OECD Proceedings). OECD, 1997. 49264.

②　Vedung E. Public Policy and Program Evaluation, New Brunswick（USA）and London（UK）：Transaction Publishers, 1997.

③　[美] 约翰·格鲁姆《政策影响的分析》，《政治学手册精选》（上册），商务印书馆 1996 年版，第 577 页。

方案或者政策计划的评估①。英国学者李察·费尔德认为评估是"描述各种解决问题的方案,陈述各种方案优劣的过程"②;第二,从政策效果方面来衡量什么是政策评估。美国学者托马斯·R·戴伊认为,"政策评估就是了解公共政策所产生效果的过程,就是试图判断这些效果是否是预期效果的过程,就是判断这些效果与政策成本是否符合的过程"。③金太军认为,政策评估主要目的在于鉴定政策实施后在达到目标上的效果,确认政策问题解决程度和影响程度,即评估侧重点应是政策效果。奎德从广义的角度认为,政策评估是确定一种价值的分析,从狭义的角度认为,是调查一项正在进行中的计划,并就实际成就与预期成就差异进行衡量④;第三,政策评估是对政策整个过程的评估,即包括政策方案、计划以及效果的评估。张金马认为,政策评估是采用现代社会科学研究方法对一个社会、社区或特定社会群体的政策需求、政策方案或已实施政策所产生的效果、执行情况及其带来影响所进行的系统、客观的考察和评价⑤。

　　笔者认为,电子政务政策的评估是政策评估的一种,虽然它有政策评估的一般特征,但是它也有其特殊性。在这里欧盟电子政务政策评估是指欧盟依据一定的标准和程序,对电子政务政策的效益、效率、效果和价值进行判断的过程。电子政务政策评估机制将要解决欧盟电子政务政策由谁、为谁、何时、评估什么等问题。

5.1.2　电子政务政策评估的作用

　　对欧盟而言,政策的评估对电子政务政策发展起到重要的推动作用。具体体现在以下几个方面:

　　第一,电子政务政策的评估,是欧盟电子政务政策目标可持续、调整或者重新制定的依据。欧盟电子政务政策的发展是一个动态的过程,其持续发展的动力之一,就是因为有效的电子政务政策评估机制。有效的电子政务政策评估机制可以正确地判断政策目标实现情况、效果以及出现的错误,是纠正错误、修改政策目标和制定新的电子政务政策的依据和参考。

　　第二,电子政务政策的评估可以有效地检验电子政务政策的效率和效益,为合理配置资源奠定基础。欧盟每一项电子政务政策的实施都有一定的投入和产出,但效率是高低不等的。电子政务政策的评估可以借助投入、产出的效率,监测一项电子政务政策实际效益和效率。同时根据不同的政策效率和效益,合理配置政策资源。通过对电子政务政策的评估,一方面可以使电子政务政策制定者站在整体利益的高度,使有限资源发挥最大的效益;另一方面,可以防止在政策执行过程中不适当的投入。政策评估是欧盟电子政务资源合理配置的前提和条件,只有合理的政策评估,才能确定每一项政策的价值和效益,并且采取合理的优先行动方案,避免盲目的投入和事倍功半,提高电子政务政策的实效。

　　第三,电子政务政策的评估是欧盟电子政务政策迈向科学化和民主化的重要步骤。电子政务政策的评估其实也是对电子政务政策制定和实施进行监督的过程。这不仅仅是对政策本身效率、效益和价值的评估,而且也是对于政策运作机制以及政策评估机制合理性、科学性的检验。

①　宋锦洲《公共政策:概念模型与应用》,东华大学出版社 2005 年版,第 128 页。
②　N. Lichfield: Evaluation in the Planning Procress, Oxford: Pergamen Press, 1975, p. 4.
③　[美] 托马斯·R·戴伊《自上而下的政策的制定》,中国人民大学出版社 2002 年版,第 203 页。
④　E. Quade, Analysis for Public Decisions (Englewood Cliffs), 1989, pp. 202 - 213.
⑤　见张金马《公共政策过程分析:概念、过程、方法》,人民出版社 2004 年版,第 449 页。

电子政务政策从制定到实施都渗透着很多相关利益者的诉求,政策的评估可以超越少数政策制定者的有限见识,集合相关利益者的态度,积极参与政策的评估活动,提高民众参与政策的积极性,有助于政策的民主化和科学化。

5.2 电子政务政策评估的模式分析

欧盟电子政务政策评估根据政策的不同特点采取了不同的评估模式,这与政策制定时的价值取向有关。基本上欧盟采用了3种评估模式即政策目标达成模式的评估、相关利益者模式的评估以及经济模式的评估。

5.2.1 政策目标达成模式

5.2.1.1 政策目标达成模式的特点

目标达成模式是欧盟电子政务政策评估的主要模式之一,使用目标达成模式具有以下优点:第一,目标的制定体现民主精神,目标达成模式是以预定的政府政策(项目)目标作为评估对象。而政府的政策(项目)目标与其他社会生活行为的最根本不同之处在于,前者通过正式的政策制定机构形成,并在操作上制度化。它们是公开而法定地被社会各方面在政治场合上所采纳,体现了政治过程中的民主;第二,提供客观的评估标准。所有的评估都需要价值尺度来评价。目标达成模式提供客观解决价值标准问题的方法。因为它以既定的政策(项目)目标作为对象,以电子政务政策目标来判断政策结果,可避免评估者在评估电子政务政策的价值问题上持个人的主观标准。既然价值问题能够以客观形式解决,整个评估也可以按客观情势进行;第三,操作简单。这个模式只包含两个主要的问题,即结果是否与目标一致? 结果是否由政策引起? (见图5-1)

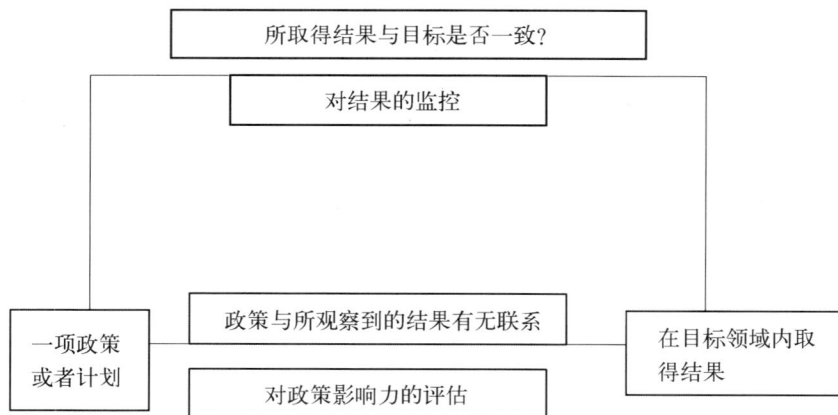

图5-1 目标达成模式示意图

资料来源:Vedung E. Public Policy and Program Evaluation, New Brunswick (USA) and London(UK), Transaction Publishers, 1997.

　　目标达成模式注重政策效果的评估,在欧盟,主要是通过电子政务政策产出的窗口——公共服务的效果,衡量电子政务政策实施情况。对于电子政务政策目标达成情况的评估主要由第三方即欧洲著名的跨国咨询公司凯杰公司承担,在 2000 年理事会采用衡量电子欧洲政策 20 个指标评估电子政务政策实际产生的效果,这 20 个指标在凯杰公司多次的评估中基本没有变化,只是在评估中方法的使用更加精细而已。

5.2.1.2　评估程序

凯杰(Capgemini)公司对电子政务政策目标达成的评估分为 4 个步骤:

1. 政治结构的描述

　　分析参与国家政府结构和列出电子政务服务提供者。Capgemini 采用自下而上的研究方法,在电子政务调查表中所提出的主要问题是:从公民、企业的角度研究具体的某个国家的某项服务提供者由谁来负责? 将这些服务提供者的网站作为研究单元。

　　具体的调查分为两个阶段:在第一阶段通过咨询 28 个国家所组成的信息社会和媒介总司的政府专家网络,从中获得有关 20 种公共服务的信息,以及获取欧洲各种互联网应用方法的信息;第二阶段,评估和分析服务提供者。例如在第六次评估中,将成员国中每个联络员邀请到小组间与电子政务研究组进行交流。每一个成员国指定一个单独的网站,网站的所有信息是关于这个国家提供调查的信息。每一个参与政府专家网络的专家在那里注册了身份号和密码,为他们利用各自国家的服务提供方便。当每个国家联络员参与到欧盟国家利用小组室时,可以与其他国家所有的参与者互动。

　　根据国家政府部门、地区政府部门、城市和大都市公共图书馆、医院、大学和机构、警察办公室、公共保险公司等不同的提供者,联络员需要检查和证明企业和公民的服务是有效的。所提供的每一个服务需要回答 4 个问题:a) 是否存在这种服务? b) 如果回答是,那么这种服务在所在国家是否被认为是无关紧要的? c) 如果是,提供服务的是哪个机构和在哪个层次上提供? d) 在服务者和顾客之间是否有中介?

2. 制定 URLs 列表:筛选服务商和查找 URL 的地址

　　因为服务商很多,将所有服务商列出的可能性很小,Capgemini 专门设计了制定代表性样本的方法。该方法依靠服务商的特点和规模,通过分层、不均等可能性系统抽样、随机抽样等方式统计有关服务商及 URL,筛选出样本。

　　具体地区的服务提供商的调查使用分层与系统抽样相结合的方法,例如,大都市、地区机构、当地的警察办公室和公共图书馆。系统方法论所发展起来的系统抽样可以科学有效地计算各种服务者每个网站的积分。抽样的程序在每一次的测量中是重复的。各种服务者提供公共服务的整个积分是基于新的样本。

　　网络调查的下一步是各种服务者对 URLs 的识别。为了能够最大程度的保证服务提供者参与研究和有效地管理参与的网站,Capgemini 制定了一个检索策略可以最大程度地保证找到每一个网站。另外,URLs 的有效性要经过与成员国小组的咨询后方可证明其有效性。

3. 网络研究:基于网络的调查和对网站打分

　　服务提供者的 URLs 被记录在地区数据库,由 Capgemini 使用网络打分工具进行网络调查,研究小组对服务内容进行分析和对 URLs 打分。因为对每一个国家的 URLs 打分数量太大,因此划分不同阶段和对其相应的解释是必要的。打分工具包含非常精确的和结构性的程序,可以引导研究者通过界定良好的路径为每一个服务提供者打分,并且在研究中,各种阶段的检查和控制保证在结果上达到最大化的精确性。

4. 结果分析

在第六次调查中使用了 12 590 的研究方案。研究结果数据库以调查结果为基础评估每一个服务提供者。数据的结构可以分析每一个国家、每一个服务和一组服务(登记服务、申报单)以及超级组服务(例如政府到公民、政府到企业)的情况。记分工具按照每一个公共服务最大值的百分比重新计算每个网站的分数(见表 5-1)。

表 5-1 重新计算网站、服务成熟度的百分比表

每 一 个 阶 段	最 后 得 分
0—0.99	0%—24%
1—1.99	25%—49%
2—2.99	60%—74%
3—3.99	76%—99%
4	100%

有些服务计算的最大值是 3,例如个人文件、警察的申明、证书(出生和结婚)、迁址申明和统计办公室数据的提交等只到第三阶段,也就是没有第四阶段的计算。

表 5-2 最后百分比计算表

每 一 个 阶 段	最 后 得 分
0—0.99	0%—32%
1—1.99	33%—65%
2—2.99	66%—99%
4	100%

每一个国家最后的百分比按照 20 种服务的百分比平均值计算。每一个国家向公民服务的百分比按照服务 1 到 12 的百分比的平均值计算,而向企业服务的公共服务百分比按照服务 13

到 20 的百分比的平均值计算。在二进制的框架得分结果转换成充分利用网络的指标进行重新计算。服务最佳阶段(3 和 4 阶段)得分 1,服务最低的阶段得分 0。指标的计算中记分服务的百分比和分析服务的总数都是 1。

5.2.1.3 历年评估情况

在 2000 年里斯本峰会使用开放协调机制作为实现电子欧洲行动计划的目标手段,建立了衡量电子政务政策的定量和定性指标。在 2000 年 12 月 1 日理事会(内部市场)采用了衡量电子欧洲的 20 个指标(见表 5-3)到 2006 年共进行了 6 次公共服务的调查,衡量的指标基本上没有什么变化,但是调查的框架(见图 5-2)有所变化,即在 2004 年的公共服务调查中增加了新的阶段,即 0 阶段。

欧盟制定了 20 个衡量成员国电子政务政策效果的指标,每个指标成熟度划分为 4 个阶段:a) 信息上网;b) 互动:表格的下载;c) 双向交流:表格的处理、证明;d) 交易:案例的处理、解决和传递(付费)。

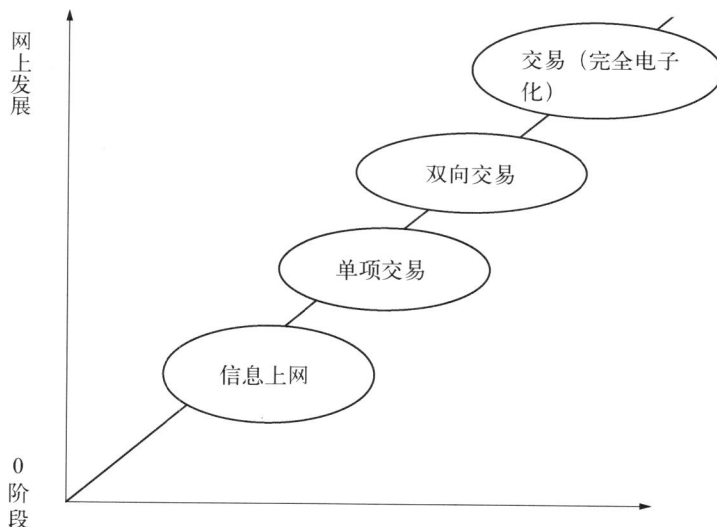

图 5-2 服务调查的框架

资料来源:Capgemini:Online Availability of Public Services:How is Europe Progressing? Web Based Survey on Electronic Public Services Report of the 6th Measurement,2006,p. 3.

在 2001 年 2 月 22 日所进行的第 1 次评估中,又将这 20 个指标划分为 4 种类型分别进行评估:即产生收入类服务:从公民、企业到政府(主要是税收、社会保险)的资金服务;登记类服务:关于记录和个人化数据作为行政服务结果的服务;关于公民和企业纳税、保险申报单服务;许可证和执照类服务:由政府机构提供的关于建设房屋或者经营企业的许可文件等服务。

表 5-3　评估电子政务政策效果指标

对 于 公 民 的 服 务	
1	收入税：利用的通知和声明
2	劳动办公室的工作检索服务
3	社会安全补贴(包括四项中的三项：失业救济、儿童补贴、医疗成本、学生津贴)
4	个人文件(护照和驾照)
5	汽车登记(新的、旧的和出口的车)
6	建筑许可证的申请
7	警察的申明
8	公共图书馆(搜索工具和目录的使用)
9	证书的申请(出身和结婚)和递送
10	高等教育和大学的登记
11	住址变更的申明
12	与健康相关的服务(在不同医院服务利用的建议和医院的预约)
为 企 业 的 服 务	
13	员工的社会保险
14	公司税：申明和通知
15	增值税的申报单和通知
16	新公司的注册
17	统计办公室数据的提交
18	海关的申明
19	与环境有关的许可证
20	公共采购

结果显示如下：

a) 收入服务类。根据调查显示,收入服务类是绩效最好的一组公共服务,平均值达到 62%,每一种服务比全球平均值 45% 都要高。以国家为基础,丹麦、挪威和法国是这些国家中绩效最好的,而税收类公共服务的分值最高达到 74%。通过下表发现,关于税收类的网上服务是逐年增加,在第三次评估中,平均值增加到82%,比第一次评估增加了20个百分点(见表5-4)。

表5-4 2001年10月到2002年10月收入服务类调查一览表

时　间	平均分	收入税	增值税	公司税	海关申明	员工的社会保险
2001年10月	62%	74%	68%	62%	57%	50%
2002年4月	79%	87%	88%	74%	63%	81%
2002年10月	82%	83%	90%	78%	71%	85%

　　b)登记类。以第一次评估为例,登记类服务的平均值是44%,与其他国家相比,登记的网上公共服务平均值低于世界45%的平均水平,瑞典和芬兰的分值比较高些。在这组,新公司登记的分值最高达到58%。在3次评估中,与税收类服务相比,登记类的增幅不算大,但平均值增加了14个百分点。增幅最大的属于统计数据的提交,第一次评估与第三次评估相比,增加了46个百分点(见表5-5)。

表5-5 2001年10月到2002年10月登记类服务调查一览表

时　间	平均分	新公司的登记	汽车的登记	迁址申明	统计数据的提交	出生和结婚的登记
2001年10月	44%	58%	33%	40%	33%	31%
2002年4月	53%	67%	37%	51%	74%	34%
2002年10月	58%	68%	43%	54%	79%	47%

　　c)申报单类。在第一次评估中申报单类公共服务的分值只有40%,这个类别整体服务效果是比较差的。但是,平均值是最高值和最低值平均的结果,个别国家服务效果比较好,比如瑞典、英国、爱尔兰和挪威等国家获分最高。在第一次评估中,工作检索的最高分是81%,而与健康有关的服务分数最低,仅仅7%。通过3次评估的比较中可以发现,从增幅最小的与健康有关的服务(7%)到增幅最大的公共图书馆服务(达到20%)之间不等。相对而言,申报单类的服务增幅整体处于平稳状态(见表5-6)。

表5-6 2001年10月到2002年10月申报单类服务调查一览表

时　间	平均分	工作检索	公共采购	社会安全福利	公共图书馆	警察的申明	与健康有关的服务
2001年10月	40%	81%	44%	43%	38%	29%	7%
2002年4月	48%	85%	54%	48%	51%	39%	12%
2002年10月	53%	91%	57%	52%	58%	45%	14%

d) 许可证和执照类。在第一次评估中这个类评估的结果也是最差的,平均值仅仅是33%,远远低于世界平均水平。按照国家来说,爱尔兰是唯一在这个类中获得分数最高的国家达到71%。而个人文件(出生和结婚证书)项分数最高也只有40%。可以说在3次评估中,许可证和执照类的网上服务处于低迷状态,增幅最小,平均值增幅也只有11%(见表5-7)。

表5-7   2001年10月到2002年10月许可证和执照类服务调查一览表

时 间	平均分	个人文件	高等教育的登记	与环境有关的执照	建筑许可的申请
2001年10月	33%	40%	37%	29%	27%
2002年4月	41%	40%	50%	43%	30%
2002年10月	44%	45%	54%	45%	33%

2005年电子欧洲行动方案公布后,对于达成电子政务政策效果的20个指标的评估有所改变:

第一,从2004年的调查中,虽然20个基本服务指标没有什么变化,但是对于电子政务的服务增加了一个阶段,即0阶段。0阶段的介绍有两种可能性:a) 服务者并没有提供公开的网址;b) 服务者虽然提供了公开的网址,但是却存在根本不可能提供任何相关的信息以及互动、双向互动和交易的可能性。评估阶段的划分依据具体的类项有很大的差别。20个对公民和企业的政策效果的指标中都分别制定了阶段性标准,这比以前所使用的标准更加细化和具有可操作性。并且有些服务使用第四阶段标准,有些不使用第四阶段标准。例如工作检索、个人文件申请、警察的申明、结婚和出生证书、迁址申明、数据统计等不使用第四阶段标准(见表5-8和表5-9)。

表5-8   个人文件申请五阶段的标准

阶 段	标 准
零阶段	服务提供商或者行政机构并没有公开的利用网址或者服务商或者行政机构所提供的公开利用网站并不能提供符合第一到第四阶段的服务
第一阶段	由服务商和行政机构提供获得国际护照程序的必要信息
第二阶段	由服务商和行政机构所提供的公共利用网站提供获得国际护照纸质表格的可能性
第三阶段	由服务商和行政机构提供的公共网址提供程序获得国际护照电子表格的可能性
第四阶段	不使用

表 5‐9 汽车登记五阶段的标准

阶　　段	标　　准
零　阶　段	服务提供商或者行政机构并没有公开的利用网址或者服务商或者行政机构所提供的公开利用网站并不能提供符合第一到第四阶段的服务
第一阶段	由服务商和行政机构在网上提供登记新、旧、进口车程序的必要信息
第二阶段	由服务商或者行政机构提供用非电子的方式获得纸质表格开始登记新、旧或者进口车的可能性
第三阶段	由服务商和行政机构所提供的公共行政机构提供登记新、旧和进口车程序官方电子表格的可能性
第四阶段	由服务商和行政机构通过网站提供完全新、旧和进口车登记的可能性,登记新、旧和进口的车关于案例处理、决定和传递完全在网上进行,并且没有必要进行纸质程序

　　第二,电子欧洲创意是由在 2000 年 Feira 理事会中签署的 2002 年电子欧洲行动方案发起,并在 2002 年 6 月 Seville 欧洲理事会中提出,在 2003 年 1 月签署的 2005 年电子欧洲行动方案中进一步得到加强。在 2002 年行动方案中的电子政务的政策指标是"网上可用的基本的公共服务"。在 2005 年的电子欧洲的行动方案中这个指标更新为"网上充分可以利用服务的数量",并且直到 2002 年电子政务政策效果即公共服务的评估研究是半年为基础的,例如,2001 年 10 月、2002 年 4 月和 2002 年 10 月。在 2003 年 10 月组织的第四次评估以后,2005 年电子欧洲的行动方案改成每年评估一次,打分框架增加了额外的两个因素,即:第一,没有充分可以利用的网上服务;第二,充分可以利用的网上服务。第一因素包含在 0 到第三阶段网络成熟度框架中;第二个因素包含在第四阶段的网络成熟度框架中。另外,一些服务的最大值仅仅局限在第三阶段,例如个人文件、警察的申明、证书(出生和结婚)、迁址的申明和统计办公室数据的提交等。

表 5‐10 第三次到第六次评估中"四类服务"平均水平

类　　别	时　　间	网上成熟度	网上充分使用度
收入服务类	2003 年 4 月	92%	87%
	2005 年 3 月	88%	79%
	2006 年 6 月	94%	
登　记　类	2003 年 4 月	61%	37%
	2005 年 3 月	59%	31%
	2006 年 6 月	72%	

（续表）

类　　别	时　　间	网上成熟度	网上充分使用度
申报单类	2003 年 4 月	62％	32％
	2005 年 3 月	61％	31％
	2006 年 6 月	71％	
许可证和执照类	2003 年 4 月	49％	15％
	2005 年 3 月	50％	10％
	2006 年 6 月	61％	

　　欧盟电子政务公共服务分类的调查中发现，自从 2005 年（即第五次调查）中，分类服务的百分比都有所下降，这是因为在 2004 年欧盟新增加了 10 个成员国，所以整个公共服务的水平有所下降。例如在 2005 年网上成熟度的调查中，平均水平是 88％。其中，新的 10 个成员国只有 74％，而老的 18 个成员国却达到 96％。但是在 2006 年的调查中，各类服务水平都有所提高，说明新的成员国通过一年的努力，成果显著。

表 5－11　欧盟成员国 5 次网络成熟度评估中的得分

国　　别	简　　称	2006 年 4 月	2004 年 10 月	2003 年 10 月	2002 年 10 月	2001 年 10 月
奥 地 利	A	95	87	83	56	40
马 耳 他	MT	92	67			
爱沙尼亚	EE	90	78			
瑞　　典	S	90	89	87	87	61
挪　　威	NOR	90	82	75	66	63
英　　国	UK	89	84	71	62	50
斯洛文尼亚	SE	87	68			
丹　　麦	DK	85	81	86	82	59
芬　　兰	FIN	85	83	80	76	66
法　　国	F	85	74	73	63	49
爱 尔 兰	IRL	84	84	86	85	68
葡 萄 牙	P	83	68	65	58	51

（续表）

国　　别	简　　称	2006 年 4 月	2004 年 10 月	2003 年 10 月	2002 年 10 月	2001 年 10 月
匈 牙 利	HU	81	50			
意 大 利	I	80	72	59	57	39
西 班 牙	E	79	73	68	64	50
荷　　兰	NL	79	70	65	54	37
冰　　岛	ISL	78	76	56	53	38
比 利 时	B	74	67	58	47	23
德　　国	D	74	66	52	48	40
立 陶 宛	LT	68	59			
塞浦路斯	C	66	52			
瑞　　士	CH	62	60	55	49	
希　　腊	EL	62	61	54	52	39
捷　　克	CZ	61	57			
卢 森 堡	L	60	53	47	32	15
波　　兰	PL	53	36			
斯洛伐克		51	40			
拉脱维亚	LV	47	33			

资料来源：Capgemini 公司关于欧盟电子政府公共服务第六次调查报告①。

表 5－12　欧盟成员国 5 次充分使用网络评估中的得分

国　　别	简　　称	2006 年 4 月	2004 年 10 月	2003 年 10 月	2002 年 10 月	2001 年 10 月
奥 地 利	A	83	72	68	20	15
爱沙尼亚	EE	79	63			
马 耳 他	MT	75	40			
瑞　　典	S	74	74	67	67	28

① Capgemini, Online Availability of Public Service：How is Europe Progressing，June，2006，p. 68.

(续表)

国　　别	简　　称	2006 年 4 月	2004 年 10 月	2003 年 10 月	2002 年 10 月	2001 年 10 月
挪　　威	NOR	72	56	47	35	35
英　　国	UK	71	59	50	33	24
法　　国	F	65	45			
斯洛文尼亚	SE	61	67	61	50	33
丹　　麦	DK	63	58	72	61	32
芬　　兰	FIN	61	67	61	50	33
葡　萄　牙	P	60	40	37	32	32
意　大　利	I	58	53	45	35	15
西　班　牙	E	55	55	50	40	30
荷　　兰	NL	53	32	26	21	5
匈　牙　利	HU	50	15			
爱　尔　兰	IRL	50	50	56	50	22
比　利　时	B	47	35	35	25	0
德　　国	D	47	47	40	35	20
冰　　岛	ISL	47	50	28	28	11
立　陶　宛	LT	40	40			
塞浦路斯	C	35	25			
捷　　克	CZ	30	30			
希　　腊	EL	30	32	32	32	11
卢　森　堡	L	25	20	15	5	5
波　　兰	PL	20	10			
斯洛伐克	SK	20	15			
瑞　　士	CH	11	6	0	0	
拉脱维亚	LV	10	5			

资料来源：Capgemini 公司关于欧盟电子政务公共服务第六次调查报告①。

---

① Capgemini：Online Availability of Public Service：How is Europe Progressing，June，2006，p. 69.

据 2006 年的调查结果显示,在欧盟成员国服务成熟度调查中达到了总分的 75%,充分使用网上服务达到了 50%。这些数字显示,欧盟所调查的 28 个成员国中有 10% 已进步。成员国中奥地利在充分利用网络方面名列榜首。奥地利的电子政务的平台是一流的,将政府的电子服务优化到几乎最成熟的阶段。2006 年也是对 10 个新成员国第二次的评估,新成员国所取得的成绩是明显的。第二名和第三名都是新成员国。虽然在老成员国中网上服务成熟度有稳定的增长,增幅达到 6%,相比较,新成员国增长更快,达到 10%。这种跨越式的发展归功于在过去两年内,电子政务项目很强的政治领导力。这次调查也发现电子政务为企业的公共服务的绩效(在很多国家已经超越了双向互动)超过对公民的服务(有些服务还没有达到单项交易)。虽然政府对企业和公民的服务都处于上升的趋势,但在老成员国中,政府对公民的服务增长超过对企业的增长,在欧盟 18 国中公民网上成熟度增长是 7%,相比较,企业是 4%。但是在新成员国中二者增长都很明显,为公民服务的网上成熟度增长达到 16%,而为企业达到 17%①。

5.2.2　利益相关者模式

5.2.2.1　利益相关者模式的涵义

"利益相关者"最初用在商业领域,这个概念在 1963 年由斯坦福研究所提出。其本意指在一个企业或者一项商业活动中拥有投资份额、股份或者其他相关利益的组织。② 与传统的治理模式相比,利益相关者模式更加强调公司的社会责任,关注公司行为所造成的社会影响,可以说利益相关者模式是使企业影响社会的控制机制内,企业治理结构内部的有益探索。③

利益相关者模式后来借用到公共政策领域,这也有其深刻的社会背景。20 世纪 80 年代兴起"重建公共行政"运动,要求政府最大限度地实现公共利益为目标,对公共行政在治理过程中重新定位。④ 要求政府在公共政策制定过程中要更多地考虑民众的利益和愿望,广泛地听取各方的意见,强调公共行政中公民的参与成为政府治理的一种趋势。激发利益相关者的企业治理模式使用到公共政策领域,为政府广泛听取公民的各方意见,实施各方参与,平衡多元利益提供了良好的机制。

最早将利益相关者的概念引入到政策评估领域的是瑞典的学者韦唐(Vedung),在他的著作《公共政策与项目评估》(Public Policy and Programme Evaluation)中提出了政策评估的利益相关者模式,从利益相关者的角度出发评价政策的影响和合理性,听取可以影响和被政策影响的社会成员各种意见,通过平衡各方的利益,提出各方满意的政策,最大限度地回应公民的诉求。

那么什么是利益相关者呢? 这要根据政策的不同而不同,在学界也没有统一的概念。

---

① Capgemini：Online Availability of Public Services：How is Europe Progressing? Web Based Survey on Electronic Public Services Report of the 6th Measurement，2006，p. 18.
② 见王瑞祥《政策评估的理论、模型与方法》,《预测》2003 年第 3 期,第 6—11 页。
③ 见华锦阳、许庆端《公司治理模型的发展与评价》,《中国软科学》2001 年第 12 期,第 55—57 页。
④ 〔美〕加里·万斯莱等,段钢译《公共行政与治理过程:转变美国的政治对话》,《中国行政管理》,2002 年第 2 期,第 26—29 页。

韦唐列举了利益相关者范围有：公民、决策者、不同政见者、主管官员、中介机构、用户、学者以及大环境中的利益相关者①。而联合国开发计划署在对它的开发合作项目所作的评估中对相关利益的界定有：a) 目标群体；b) 直接受益者；c) 直接管理者；d) 资源提供者；e) 外部咨询顾问、供应商以及其他对计划、项目提供支持的人或者机构；f) 在本计划、项目环境中可能受到计划、项目结构影响或对其感兴趣的其他机构。② 那么在利益相关者的评估中，利益相关者的界定是第一位的，即在项目或者政策中哪些是受到影响或者是影响政策的机构或者人。

利益相关者模式的评估程序包括：a) 界定利益相关者；b) 对利益相关者抽样，确定评估样本；c) 调查利益相关者的意见，内容视评估对象而定；d) 对调查结果进行统计分析，作出评估结论。

5.2.2.2 电子欧洲行动方案的评估

在对欧盟电子欧洲政策评估时，起初试图使用目标达成模式，因为在 2000 年 5 月欧盟委员会通讯中提出了 2002 年电子欧洲政策，在其附件中列出了 27 个评估电子欧洲行动方案的指标。基于这个政策，在 2000 年 12 月尼斯欧洲理事会决定采用 23 个指标，由常任代表委员会将这些指标具体化。这些指标在 2000 年 11 月也在内部市场理事会中被采纳。这些衡量电子欧洲行动方案的指标中有 3 项是关于电子政务的，它们分别是：网上可以使用基本服务的百分比；使用政府网上信息和利用网上服务提交表格的情况；网上公共采购的百分比。

根据这个标准，委员会在 2000 年提出了第一份基准报告。在 2000 年、2001 年和 2002 年委员会出版了使用这些指标的基准的报告。这些指标对于衡量电子政务政策的实施情况似乎是不充分的，在 2005 年电子欧洲政策中，又增加了很多的指标：a) 网上可以充分利用基本服务的数量；b) 个人使用互联网和与公共机构交流的数量（按照目的分为：获得信息、获得表格、返回表格）；c) 企业使用互联网与公共机构交流的数量（按照目的可以分为：获得信息、获得表格、返回表格的数量）；d) 网上可用的公共服务与后台整合可以使用的数量；e) 电子采购在整个公共采购中所占的比例；f) 公共机构使用开放软件的百分比。

为了和这个提议一致，电讯部长理事会采纳了解决方案，接受委员会的提议，并且使用这些指标作为评估下一次电子欧洲政策进步的指标。但是，在中期评估的时候，欧盟委员会并没有使用这些指标，而是采用利益相关者模式对电子欧洲政策进行评估（包括电子政务政策）。

在这次评估中，采取了以下步骤：首先，是对利益相关者的界定；其次，通过网上咨询和公共听证的方式，获取利益相关者对于电子政务发展的意见和建议；最后，作出了相应的总结。

1. 利益相关者的界定

在这次评估中利益相关者有工业领域、公民社会（大部分代表残疾人的组织）、个人等，所做

---

① 见王瑞祥《政策评估的理论、模型与方法》，《预测》2003 年第 3 期，第 6—11 页。
② 联合国开发计划署评估办公室编《计划管理者手册结果的监督与评估》，北京出版社 1999 年版，第 511 页。

的抽样公司和非营利组织有：a) 美国电力转换公司；b) 欧洲标准化消费者代表协调委员会〔European Association for the Co-ordination of Consumer Representation in Standardisation (ANEC)〕，负责在标准化以及在与标准化有关的政策和立法过程中，代表和保护消费者的利益；c) 德国电讯消费者公司(T-Systems International GmbH)，该公司从事整合信息通讯技术方案服务的提供；d) 阿尔卡特公司：全球通讯方案的提供商；e) 欧洲信息、通讯和消费者电子技术协会(EICTA)，该协会包括苹果、佳能、戴尔等大的著名企业的贸易协会，是一个基地在布鲁塞尔的电子和电讯公司的欧洲贸易协会；f) 西班牙国家盲人协会(Spanish National Organisation of the Blind)，该协会是一个非政府组织，由盲人和视力有严重问题的人组成；g) 盲人皇家国家协会(Royal National Institute of the Blind)，总部在伦敦，是一家帮助眼睛有问题人的慈善机构；h) 欧洲卫星全球公司(SES Global)，总部设在卢森堡，该公司通过卫星系统为客户提供广播、电视和多媒体直接到户的信息传送服务；i) 西班牙残疾人代表国家理事会(CERMI)，保护和代表西班牙残疾人（350 万人）和其家庭的利益；j) 罗马尼亚欧洲信息中心(Euro Info Centre Romania, EICR)；k) 聋哑人皇家国家协会(RENID)，是通过运动会、游说提高人们对聋哑人的认识，以及通过社会、医疗和技术研究提供为聋哑人服务的慈善机构；l) Telefonica 公司：西班牙地区领先的电信运营商；m) Eutelsat 公司：欧洲主要的卫星电讯提供商；n) 芬兰工厂和员工联邦(Confederation of Finnish Industry and Employers)；o) 意大利电讯(Telecom Italia)；p) 葡萄牙国家电讯公司(ANACOM)：负责管理和监督电子通讯和邮资服务领域的机构；q) 欧洲工商会协会(The Association of European Chambers of Commerce and Industry)，简称欧洲商会，于 1958 年成立，总部设在比利时首都布鲁塞尔。欧洲商会目前有超过 1 500 万家公司企业会员，80% 为中小企业，共有 1 亿 2 千万员工。主要来自欧洲 41 个国家的 1 600 个地区和地方商会，欧洲商会的主要职责是代表本商会公司企业会员的利益，就欧洲统一市场、关贸总协定、马斯特里赫特条约、欧洲经济振兴等关系整个欧洲或世界局势的重大问题，与欧共体委员会、欧洲议会等欧洲权力和决策机构进行密切接触，开展对话，为其决策提供咨询；r) 欧洲互联网供应商协会(European Internet Services Providers Association)。

表 5-13　利益相关者一览表

公　司　名　称	职　　　责
美国电力转换公司	
欧洲标准化消费者代表协调委员会〔European Association for the Co-ordination of Consumer Representation in Standardisation (ANEC)〕	在标准化和证明以及在与标准化有关的政策和立法过程中，代表和保护消费者的利益
德国电讯消费者公司(T-Systems International GmbH)	该公司从事整合信息通讯技术方案的服务提供商
阿尔卡特公司	全球通讯方案的提供商

（续表）

公 司 名 称	职 责
欧洲信息、通讯和消费者电子技术协会（EICTA）	该协会包括苹果、佳能、戴尔等大的著名企业的贸易协会，是一个基地在布鲁塞尔的电子和电讯公司的欧洲贸易协会
西班牙国家盲人协会（Spanish National Organisation of the Blind）	该协会是一个非政府组织，由盲人和视力有严重问题的人组成
盲人皇家国家协会（Royal National Institute of the Blind）	主要帮助眼睛有问题患者的慈善机构
欧洲卫星全球公司（SES Global）	该公司通过卫星系统为客户提供广播、电视和多媒体的直接到户的咨询传送服务
西班牙残疾人代表国家理事会（CERMI）	保护和代表西班牙残疾人（350万人）和其家庭的利益
罗马尼亚欧洲信息中心（Euro Info Centre Romania，EICR）	
聋哑人皇家国家协会（RENID）	通过运动会、游说提高人们对聋哑人的认识，以及通过社会、医疗和技术研究提供服务的慈善机构
Telefonica 公司	西班牙地区领先的电信运营商
Eutelsat 公司	欧洲主要的卫星电讯提供商
芬兰工厂和员工联邦（Confederation of Finnish Industry and Employers）	
意大利电讯（Telecom Italia）	
葡萄牙国家电讯公司（ANACOM）	负责管理和监督电子通讯和邮资服务领域的机构
欧洲工商会协会（The Association of European Chambers of Commerce and Industry）	简称欧洲商会，于1958年成立，总部设在比利时首都布鲁塞尔。欧洲商会目前有超过1 500万家公司企业会员，80％为中小企业，共有1亿2千万员工。主要来自欧洲41个国家的1 600个地区和地方商会，欧洲商会的主要职责是代表本商会公司企业会员的利益，就欧洲统一市场、关贸总协定、马斯特里赫特条约、欧洲经济振兴等关系整个欧洲或世界局势的重大问题，与欧共体委员会、欧洲议会等欧洲权力和决策机构进行密切接触，开展对话，为其决策提供咨询
欧洲互联网供应商协会（European Internet Services Providers Association）	

2. 网上公共咨询①

从 2003 年 7 月 25 日到 9 月 25 日欧盟委员会开展了网上咨询,相关利益者从以下几个方面对电子欧洲政策做出了相关评价:

a) 自从 2002 年以后所取得的进步:许多调查的回复者(例如意大利电讯、阿尔卡特公司、聋哑人皇家国家协会等)认为由于竞争原因,在宽带普及方面取得了很大的进步;许多回复者对于成员国发展国家宽带策略持欢迎的态度,但是西班牙 Telefonica 公司警告在基础设施上的投资并不能与在服务和内容上的投资相匹配;罗马尼亚欧洲信息中心和西班牙国家盲人协会和欧洲信息、通讯和消费者电子技术协会尤其提到电子政务领域所取得的进步;欧洲工商会协会认为所取得最大进步在于电子商务领域,取得的最有效的行动是宽带的连接。

b) 被调查者认为应该注意的事项:Eutelsat 公司认为应加强需求方面,例如内容方面的措施;Telefonica 公司和葡萄牙国家电讯公司认为行政机构应在电子学习和电子健康方面制定各种内容方面的规定;欧洲工商会协会认为制定保证安全性的简单方法,提高安全的意识,例如电子邮件的加密技术。界定和认识合法适用的界限,保证为所有人能够使用,尤其是在公共和私人领域提高残疾人的利用和潜在用户的使用水平;阿尔卡特公司认为每一个成员国应该有宽带连接的宏伟计划,如果每年固定线路的 7% 能够转化成数字线路将会达到里斯本的目标;欧洲电讯网络运营商协会(The European Telecommunications Network Operators' Association),简称 ETNO,认为需要认真平衡规则、投资和文化习惯的变化;其他利益相关者认为需要制定开放的平台和保证互操作性以便开放多平台的内容等。

c) 关于公共领域、私营领域和公民社会的合作:来自私营企业的调查者认为目前对于电子欧洲所取得的进步很满意,尽管 Telefonica 公司认为应该有更多的企业参与到新的安全机构管理委员会中;公民社会的调查中列如 RNIB,并不满意制造商和服务者对残疾人所提供的服务,在未来认为金融和法律的刺激将帮助提高这种形势;SNOB 认为私营领域应该更加紧密地与公民社会联系起来;芬兰工业和员工联邦认为所有的利益相关者需要更多的努力;EICR 和 T-System 公司关注很低的宽带渗透率和宽带基础设施建设问题;阿尔卡特公司关注宽带市场发展的法规不确定性问题;欧洲工商会协会认为需要文化的转变,改变工作方式的问题。除了以上个别公司和非政府组织所特别强调的问题外,还有相关利益者普遍认识到的问题有:对于利用问题来说,私营领域要落后于公共领域,还有漫长的路要走;公共和私营服务广泛利用的障碍;投资者之间缺乏信心;在公共领域缺乏电子服务意识、信任和培训;缺乏为多平台服务的标准和互操作技术;对于网上支付缺乏信任;服务利用的成本以及电讯成本的问题;老年人对于电子服务利用以及兴趣问题;在信息通讯技术领域培训师紧急需要的问题等。

d) 欧盟层次的行动方案提出的建议有:阿尔卡特公司认为为了保证竞争力,需要进一步发展信息通讯技术研究领域,例如宽带技术和服务,远程办公刺激网络连接、增加效率和提高生活质量;RNID 代表认为互动文本共同标准的发展可以在平台之间提供个性的即时文本;EICR 认

---

① European Commission, eEurope 2005 Mid Term Review, Sumary on Public Consultations, Brussels, 10 October 2003. http: //europa. eu. int/information_society/eeurope/2005/doc/all_about/031007_public_consultation_summary. doc.

为需要引进更多的国际基准。其他利益相关者对于以下问题也普遍关注：电子商务标准化界面的发展在电子欧洲行动方案应该反映 INCOM 电讯公司数字电视利用工作的兼容性；网络利用工具和认证项目的进一步发展等。

e) 关于欧盟东扩，利益相关者认为有以下问题需要关注：需要刺激在新成员国的投资；公民社会的团体认为加大对于基础设施的投资牺牲了社会电子普遍服务的投资；在信息通讯技术的统计来说，欧盟的平均值有所下降，但是更大的单一市场和良好实践的传播将对社会有积极的影响；对于新成员国特殊的需求，需要采取量身定做的行动方案等。

3. 公共听证会上的讨论总结①

在 2003 年 10 月 6 日组织了电子欧洲行动方案评估中期听证会，在听证会上所涉及的内容包括以下几个方面：

a) 宽带。在整个听证会上，对于宽带的关注很多，主要的观点有：去年宽带的使用取得 100％的增长，参与听证会者希望成员国制订宽带的国家策略；最基本的措施是通过培养公众的兴趣促进宽带的使用；关键的问题是关于基础设施投资风险；公共领域需求的增加将诱因基础设施的投资；卫星技术可能是潜在的作为全欧范围宽带使用的方案等。

b) 电子政务和电子健康促使服务得到更好的提供，欧盟层次的听证会参与者还认为未来的挑战包括泛欧洲服务的发展，开放技术和标准的使用（尤其是电子支付和电子安全的领域）和提高地区补贴的意识和良好实践的传播。

c) 投资是持续成功和增长的需要。听证会参与者要求公共资助（结构基金、欧洲地区发展基金等）需进一步开放，例如重点建设目前的基础设施和利用卫星技术。

d) 数字鸿沟。提起数字鸿沟应该关注那些由于地理、残疾、社会背景、利用硬件的成本等原因不能从信息社会受益的人们。在制定电子普遍服务计划时，要特别关注不能利用信息通讯技术的残疾人需要，例如：增加公共网站内容的可利用性和鼓励发展普遍服务的方案；利用开放标准、技术中性等多渠道方法尤其是互动的数字电视增加在社区使用和普及公共服务；依据英国的经验，在不同地区普及家庭互动的数字电视，通过娱乐方式带领贫穷的家庭进入知识经济；卫星技术需求的增加对于缩小由于地理原因所产生的数字鸿沟来说意义重大。

e) 数字版权管理（DRM）和信息安全。数字版权管理和信息安全强调信息内容及交易的重要性。听证会参与者呼吁：希望委员会在 2004 年欧洲议会选举之前建立欧洲网络和信息安全机构（ENISA）②，听证会参与者认为建立欧洲网络和信息安全机构将会在使用信息通讯技术方面产生更强的信任感。在听证会上还有一个问题受到关注即法规问题。一些发言人认为法规的不健全是执行电子欧洲政策的障碍之一。

f) 电子欧洲政策实施中的合作关系和具体方案。扩大参与是电子欧洲的主要目标之一，听证会上提出需要加强：第一，需建立一系列相互补充的行动，例如：召开会议、出版相关文件分享

①　European Commission，eEurope 2005 Mid Term Review，Sumary on Public Consultations，Brussels，10 October 2003. http：//europa. eu. int/information_society/eeurope/2005/doc/all_about/031007_public_consultation_summary. doc.

②　欧洲网络和信息安全机构在 2005 年 9 月建立，其主要的使命是在欧盟范围内达到高水平的和有效的网络信息安全。

良好实践的经验等来扩大参与；第二，需要扩大相关利用者对话的基础，超越传统的对话（大的公司和行政机构），加强与地方机构、协会和中小企业等的交流，提供更多民众参与的机会。

g）基准：听会者认为基准的设置应该加强使用而不仅仅是可用，例如：电子政务服务的基准，应该超越简单的比较，探索差异存在的原因。听会者要求普及基准和良好实践，例如：通过欧洲电子商务展示会的方式学习和交流基准和良好实践等。

h）电子欧洲奖：电子欧洲奖促进了良好实践的传播，并且鼓励国家、地方电子政务和电子健康项目的国际合作。

i）公私合作制：听证会上常常提起公私合作制。私营领域的听会者认为私营领域可以帮助行政机构达到电子欧洲和国家的目标，电子欧洲项目可以在促成潜在的合作关系或者公私合作方面发挥作用。并且地方、地区和公民社会实现电子欧洲目标作用很大，欧盟委员会应该积极地协调它们之间的关系。希望电子欧洲协调委员提出有关提案。

j）调查表：调查表被认为是从参与者中收集数据的很好方式，但是调查表设计应该内容更具体和结构更加完整。

4. 结论

通过对电子欧洲行动方案的中期评审，评估者认为电子欧洲 2005 年中期行动计划取得了很大的进步，2005 年电子欧洲的目标保持有效。在欧盟扩大到 25 个国家后，通过对国家和地区的咨询，宽带的发展和电子政务的发展已经获得了国家和欧盟地区的政治支持。电子欧洲 2005 年的目标需要很强的政治领导力和各个方面的努力。目前已经取得了很多方面的成功，政府的服务已经上网，但是目前主要关注在供应方面，忽视了需求，因此需要各方面继续努力，提高生产率和就业机会。

另外，电子政务的发展也是成果显著。众所周知，电子政务是公共领域改革的关键，获得成员国强有力的支持。信息通讯技术是行政改革和服务进步的催化剂，电子政务是信息社会国家政策的核心。根据基准显示，尽管在成员国之间有很大的不同，在 2001 年 10 月到 2003 年 10 月间政府可用网上基本服务从 17% 增加到 43%，而在 2003 年 10 月有 15% 至 72% 不等的服务可以在网上利用。并且，在大多数成员国行政机构之间互动的公共服务、公共互联网利用点和电子采购的数量已经增加。

评审会对取得的成果肯定之外，认为电子欧洲政策还需要进一步加强信息通讯技术工具、互操作性技术、前台和后台服务的一体化等。在电子欧洲 2005 年的目标保持有效基础上，成员国同意在欧盟层次上采纳新的联合创意。

通过咨询，需要注意以下问题：a）基准。电子政务不仅提供技术和服务，而且还提供解决的方案。服务的供应大于需求，这就需要很好地关注用户的需求，并且衡量电子政务的社会和经济的影响，刺激电子政务的需求，需要大量的定性和定量的措施满足这些需求；b）良好实践的交换。经验的积累需要认识良好实践及其成功的因素。除了研讨会和颁奖这些措施之外，需要更多的良好实践和经验的转移和交流。这些良好实践和经验对于新成员国和候选国家电子政务的建设具有很重要的意义；c）在欧盟层次需要在信任和安全（身份证的管理）、标准化和开放资源软件、利用（多平台的利用）、互操作性等方面加强政策的定位和财政支持。

这份评审的结果说明工业和电讯领域、公民社会支持电子欧洲 2005 年的行动计划，把它作为建立知识社会的驱动器。

　　欧盟电子欧洲行动方案是以利益相关者为基础的评估,评估经历了3个阶段,在广泛听取各方意见的基础上,对于电子欧洲所取得的成果予以肯定,但是对其不足也及时进行了修正。电子欧洲行动方案的评估极大地调动了利益相关者的积极性,促进了彼此的交流和联系。

5.2.3　经济学模式

5.2.3.1　经济学模式的涵义

　　经济学模式的评估方法主要是将经济学的方法引进到政策科学评估的领域。这种模式克服了其他模式的缺陷,将成本作为重要指标纳入到政策评估。经济学模式分为两种(见图5-3),即生产效率模式和效率模式。生产效率模式中将生产效率定义为产出和投入的比例,也就是说产品和服务必须量化,投入则用货币或产出单位来测量。而效率模式中,则从成本和利益以及成本和效益的关系分析政策产出的结果。在成本—利益分析中,政策的投入与产出都用货币单位测量;而在成本—效益分析中,投入用货币单位而产出根据真实效果计算,见表5-14①。

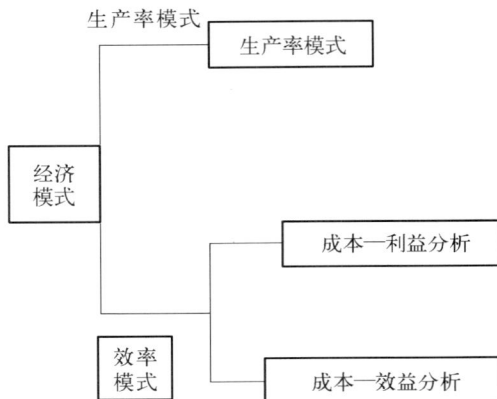

图5-3　经济学模式评估示意图

资料来源：Evert Vedung, Public Policy and Programe Evaluation Transaction Publishers, 2000, p. 36.

表5-14　成本—利益分析与成本—效益分析比较

成本—利益分析	成本—效益分析
应用货币价值计算政策结果的所有成本和利益,操作方法较复杂	避免用货币衡量利益分析,操作较为简单
强调政策的净收益,显示出经济理性的特质	强调政策的功效,显示出技术理性的特征
由于强调币值计算政策的净收益,因此依赖成本的考量	适合具有外部性和无形结果的政策
适合处理成本变动与效益变动的政策问题	适合处理固定成本与固定效益的问题

　　欧盟电子政务政策经济模式的评估属于效率模式的评估,它既关注电子政务政策经济效益,也关注其社会效益。欧盟电子政务政策经济评估框架(即 eGEP)是欧盟 MODINIS 项目的一个子项目,该项目致力于以下3个方面的内容：分析电子政务的成本以及提供的服务;为电子政务的服务所产生的影响和绩效提供评估框架;从经济的角度分析电子政务所产生的影响。②

---

　　① 　见张国庆《现代公共政策导论》,北京大学出版社1997年版,第193页。
　　② 　http://82.187.13.175/eGEP/Static/E_Description.asp.(检索日期：20080117)

5.2.3.2　eGEP 评估框架①

欧盟电子政务政策产出的结果，将影响欧盟电子政务政策的制定、实施。因为任何一个电子政务政策的制定、实施都有其成本。每年欧盟花费巨额在电子政务建设上，如何衡量和评估电子政务政策的实施效果，欧盟在 2006 年制定了欧盟的电子政务政策的 eGEP 评估框架。欧盟建立信息社会的初衷是为了解决欧盟的经济增长和就业问题。欧盟的电子政务也被认为是欧盟经济增长的重要动力。该框架主要评估电子政务所产生的经济影响。但是从这个评估框架来看，并不是采用经济模式的生产效率模式，而是效率模式。

目前成员国所使用的对电子政务政策评估方法有丹麦电子政务站标法②、法国 Mareva 法③、德国 WiBe 4.0 法④、荷兰监察信息的多重使用法⑤、英国的商业案例法⑥。eGEP 评估框架是在对以上电子政务政策评估模式、评估指数和评估方法论深入比较的基础上建立的⑦。

虽然成员国电子政务优先战略不同，但是在这些不同评估的方法中可以找到共同的基础。根据开放性、透明性、责任性和参与性原则，eGEP 评估框架从 3 个方面衡量电子政务的影响：效率（金融和内部组织的价值）、效力（顾客的价值）和民主（政治的价值）。eGEP 框架在 3 个价值目标中取得了平衡，包括对定性、定量群体的影响和相应尺度的评估，但也认识到这两个方面并不能完全的互相补充，因此将所取得进步按照百分比将不同的措施规格化，同时把定性和定量两种方法融合在一起评估电子政务服务、政策和项目的价值。

如何计算欧盟电子政务的效力、民主和效率，欧盟设计了衡量以上 3 个方面的指标（见图5－4 及表5－15）。

---

①　Cristiano Codagnone, Paolo Boccardelli, Maria Isabella Leone, eGovernment Economics Project（eGEP）: Measurement Framework Final Version, Brussels, Belgium EuropeanCommission, Directorate-General Information Society and Media. Prepared for the eGovernment Unit, 15 May 2006. http://www. umic. pt/images/stories/publicacoes200709/D. 2. 4. Measurement Framework final version. pdf.

②　Danish Digital Task Force（DTF）（2004）, The Danish eGovernment Strategy 2004 - 2006: Realising The Vision, DTF, Copenhagen（http: //e. gov. dk/uploads/media/strategy _ 2004 _ 06 _ en _ 01. doc, accessed February 2005）. This methodology was also presented by Mr. Hemmingsen of the Danish Ministry of Science, Technology and Innovation at eGEP first workshop（Rome 8 April 2005）.

③　French Agency for the Development of Electronic Administration（ADAE）（2005）, MAREVA methodology guide: Analysis of the value of ADELE projects, unpublished internal document obtainedduring eGEP field mission to Paris（May 23 - 24 2005）. This methodology was also presented by Mr. Meyer of ADAE at eGEP second workshop（Brussels 1 July 2005）.

④　German Federal Ministry of the Interior, IT Department（2004）, Economic Efficiency Assessment（WiBe）4.0 — Recommendations on Economic Efficiency Assessments in the German Federal Administration, in Particular with Regard to the Use of Information Technology（http: //www. kbst. bund. de/Anlage306905/English-Version-Recommendations-on-Economic-Efficiency-pdf-792-kB. pdf, accessed June 2005）.

⑤　Dutch Ministry of Interior and Kingdom Relations（2006）. MONITOR. Multiple Use of Information, document obtained from John Koostra of the Dutch Ministry of Interior and Kingdom Relations. This methodology was also presented by Mr. Keuzenkamp of the Dutch Ministry of Interior and Kingdom Relations at eGEP final conference（Vienna 8 February 2006）.

⑥　UK Cabinet Office eGovernment Unit（eGU）（2005）, Business Case Model Template, unpublished internal document obtained during eGEP field mission to London（May 9 - 10 2005）; 59. UK Office for Government Commerce（OGC）（2003）, Measuring the Expected Benefits of E-Government, OGC, London（http: //www. ogc. gov. uk/sdtoolkit/workbooks/businesscase/HMT％20Guidelines％20Version％201. 4. pdf, accessed February 2005）.

⑦　In the Measurement Framework Compendium are also presented methodologies in use in Australia, Canada and the US（par. 2.6）.

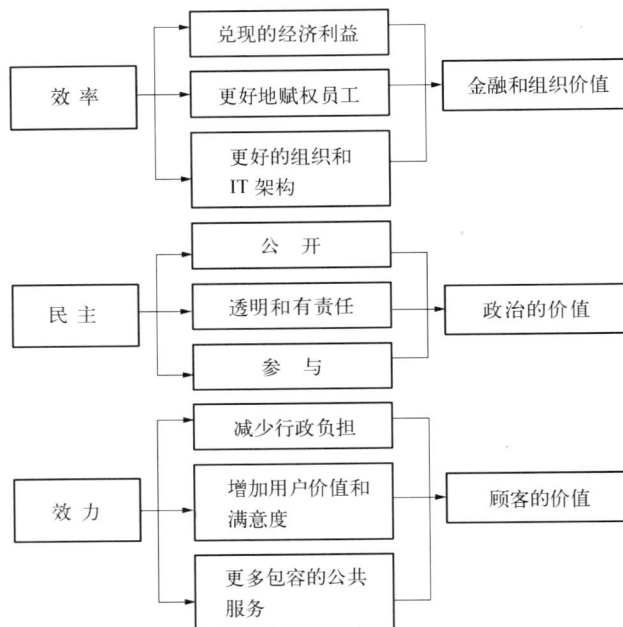

图 5-4 eGEP 评估框架的分析模型①

表 5-15 eGEP 价值评估指标②

效 率	
类 型	评 估 方 法
可兑现的经济利益	同等获利总和
更好地赋权员工	公共机构培训的数量
更好的组织和 IT 架构	在给定的时间内处理案例的数量
效 力	
类 型	评 估 方 法
减少行政负担	公民和企业节约的时间
增加用户价值和满意度	电子政务用户满意指数
更多包容的公共服务	电子政务服务包容的数量
民 主	
类 型	评 估 方 法
公 开	政府服务向企业开放的数量(招标、采购和招聘等)
透明性和责任性	与用户双向互动服务的数量
参 与	网上咨询的数量

---

① Cristiano Codagnone, Paolo Boccardelli, Maria Isabella Leone, eGovernment Economics Project(eGEP): Measurement Framework Final Version, Brussels, Belgium EuropeanCommission, Directorate-General Information Society and Media. Prepared for the eGovernment Unit, 2006, p. 15.

② 同上,第47页。

　　eGEP 评估框架对于评估所使用的资料来源也做了研究(见表 5－16)，从相关性、成本、可比较性 3 个方面分析了 eGEP 资料来源的可用性。第一个栏目的相关性数据在很大程度上反映被测量的影响；第二个栏目反映了收集数据的可行性，即搜集这些数据所花去的时间和成本(主要从成员国的角度评估可行性)；第三个栏目主要指不同资料的类型反映成员国之间可比较的程度。

表 5－16　数据资源可比性一览表①

数 据 资 源	相　关　性	成　　　本	可 比 较 性
官方统计	低	低	高
内部行政机构的记录	高	高	低
标准成本模式估计	高	高	中　等
内部自我评估	中　等	高	低
用户满意度调查	高	中　等	高
新的调查	中　等	中　等	高
网络计量和网络爬虫	高	中　等	中　高
第三方的网络评估	多变性	中　等	高

　　欧盟 i2010 为电子政务所设立的站标基准有：a) 没有公民被排斥在外——遍服务的设计。在 2010 年所有的公民包括残疾人将是电子政务的主要受益者；在 2010 年欧洲的公共行政使用信息通讯技术创新和增加信任；培养电子政务获益的意识以及提高用户的技能和支持度，使公共行政信息和服务更加容易利用。b) 使用信息通讯技术使有效力和有效率的政府成为现实。在 2010 年电子政务有助于提高用户公共服务的满意度；在 2010 年将会大幅度减少企业和公民的行政负担；在 2010 年通过使用信息通讯技术，公共领域将会达到很高的收益；在 2010 年通过信息通讯技术创新性地使用，欧洲行政机构的透明性和责任性将会大幅度的增加。c) 传递顾客需要的很有影响的服务。在 2010 年欧洲范围内所有的公共行政能力执行 100％的电子化采购；在法律允许的范围内，在单一市场范围内不管公司的范围或者规模，为所有的公司建立更加透明和公平的市场；在 2010 年欧盟公共采购临界点以上至少 50％的公共采购将电子化；在 2006 年到 2010 年成员国将努力在欧洲范围内传递这些有影响的服务，为里斯本的目标作出贡献。d) 在欧洲范围内通过相互识别的电子身份证，广泛使用可信任的公共服务。在 2010 年欧洲公民和企业按照数字保护的规定，能够使用户在方便、安全的电子身份证使用中获得最大化的利益；在 2010 年根据必要的和可用的法律，成员国将同意在欧洲范围内适当地使用鉴定的电子文件参考框架。e) 加强决策的参与和民主过程。在 2010 年民主决策过程中，展现实际的电子民主案例，有效的

　　① Cristiano Codagnone, Paolo Boccardelli, Maria Isabella Leone, eGovernment Economics Project(eGEP)：Measurement Framework Final Version, Brussels, Belgium EuropeanCommission, Directorate-General Information Society and Media. Prepared for the eGovernment Unit, 2006, p. 20.

公民的辩论和参与。根据以上五大站标基准,欧盟又将每个站标细分若干个指标,衡量其实效(见表 5 - 17)。

表 5 - 17　电子政务信息 2010 年评估站标[①]

站　标　基　准	指　　　标
1	1.1　社会上残疾人对电子政务的使用
	1.2　公共网站与国际标准相符合的程度
2	2.1　电子服务的用户满意度
	2.2　公民和企业需要信息的数量
	2.3　网上充分交易的数量
3	3.1　欧盟公共采购可用电子化临界点以上的百分比
	3.2　欧盟公共采购执行电子化临界点以上的百分比
4	4.1　合法的、相互识别的电子身份证在网上交易的数量
	4.2　泛欧洲网上公共服务有功能的数量
5	5.1　电子参与复杂性的指数
	5.2　网上论坛独特用户的数量

　　根据以上 5 个站标基准设计的指标按照以下 3 个标准:指标要最大化的衡量相关目标的影响;根据指标所收集的数据,要最小化其时间和成本;收集的数据要最大化其可比较性。

　　eGEP 欧盟电子政务评估框架中,对于评估所采用的资料也作了很详细的划分(见表 5 - 18)。

表 5 - 18　数据资源列表及缩写[②]

缩　写	资　源　的　描　述
OS	官方统计
ADRE	行政机关数据,例如:员工的成本;资料的成本;产出的情况(文件、案例、交易的处理);标准程序、商业过程和相应工作时间的描述
SCMC	标准成本模式的计算
ISA	基于量化服务的自我评估
RSS	用户满意度和使用数据和指数构建的随机样本的调查

---

①　Cristiano Codagnone, Paolo Boccardelli, Maria Isabella Leone, eGovernment Economics Project(eGEP): Measurement Framework Final Version, Brussels, Belgium EuropeanCommission, Directorate-General Information Society and Media. Prepared for the eGovernment Unit, 2006, p. 29.

②　同上,第 53 页。

（续表）

缩　写	资　源　的　描　述
ESUR	员工的调查
POPS	新出现问题的调查
TPA	第三方的评估
WCR	自动化网络网虫软件
WMET	网络计量数据，包括：点击或者用户联系议程的数量；文件下载的数量；花在一个网站上用户时间的数量；完成交易的数量；网络分析

　　eGEP 评估体系由以下部分构成：电子政务政策产生的影响、3 个价值取向（效率、效力、民主）细分的指标、评估的资料来源和 2010 年电子政务五大站标。eGEP 评估框架将电子政务政策产生影响的 3 个方面与信息 2010 电子政务的基准融合在一起，具体细分出 92 个指标衡量电子政务政策产生的经济影响（见表 5 - 19）。

表 5 - 19　eGEP 指标模版①

效　　　率			
影　　响	指　　　　标	资　　源	站标
可兑换的经济利益	1. 在全天每一个程序处理案例的百分比	ADRE	2
	2. 一个标准案例处理时间的百分比	ADRE	2
	3. 所有时间等价收益的百分比	ADRE	2
可兑换的经济利益	4. 管理费用的百分比（邮资、纸张和打印）	ADRE	2
	5. 在电子采购中节约资金的百分比	ADRE	2/3
	6. 维护费用的百分比	ADRE	2
	7. 作为预算的整个企业的百分比	ADRE	2
	8. 电子招标的百分比作为整个交易的百分比	ADRE/WMET	2/3
	9. 经济规模获益的百分比	ADRE	2
	10. 从提高保险税收获益的百分比	ADRE	2

　　① Cristiano Codagnone, Paolo Boccardelli, Maria Isabella Leone, eGovernment Economics Project(eGEP)：Measurement Framework Final Version, Brussels, Belgium EuropeanCommission, Directorate-General Information Society and Media. Prepared for the eGovernment Unit, 2006, pp. 54 - 55.

效　　　率			
影　　响	指　　　　标	资　　源	站标
更好地赋权于员工	11. 员工重新培训数量的百分比	ADRE	2/1
	12. 公务员懂得电子政务或者信息通讯技术的百分比	ISA/ESUR	2
	13. 员工远程工作的数量	ADRE	2
	14. 工作灵活性的分数百分比	ISA	2
	15. 提高工作内容的百分比	ISA	2
	16. 员工满意分数的百分比	ISA	2
	17. 整个工作吸引力分数的百分比	ISA	2
	18. 整个工作赋权分数的百分比	ISA	2
更好的信息和通讯技术架构	19. 网上交易绩效数量的百分比	WMET	2
	20. 收集收入循环长度的百分比	ADRE	2
	21. 跨公司服务所需内部协议数量的百分比	ADRE	2
	22. 重新布置在前台服务员工数量的百分比	ADRE	2
	23. 使用信息通讯技术面对面接触点的数量	ADRE	2/1
	24. 专业和一般服务员工的百分比	ADRE	2
	25. 重新设计商业过程数量的百分比	ADRE	2
	26. 政府网站可用整合服务数量的百分比	ADRE/TPA	2/3
	27. 提高组织分数的百分比	ISA	2
	28. 提高内部操作性数量的百分比	ISA	2
	29. 活动标准分数的百分比	ISA	2
	30. 提高计划和决策分数的百分比	ISA	2
	31. 信息通讯技术整合的分数	ISA	2
	32. 使用信息通讯技术整合金融和资源规划的百分比	ADRE	2
	33. 提高内部管理分数的百分比	ISA	2
	34. 提高内部交流分数的百分比	ISA	2

(续表)

	效　　　率		
影　　响	指　　　　标	资　　源	站标
	35. 与其他国家公共机构交换权威文件数量的百分比	ADRE/WMET	2/4
	36. 在欧洲范围内与公共机构交换权威文件数量的百分比	ADRE/WMET	2/4
	37. 公共机构数字知识分享平台的百分比	ADRE/TPA	2/3
	38. 数字平台支持下的公私合作数量的百分比	ADRE/TPA	2/3
	39. 在 PPP 范围内文件数字交换数量的百分比	ADRE/WMET	2/3
	40. 整个内部机构合作分数的百分比	ISA	2/4
	民　　　主		
影　　响	指　　　　标	资　　源	站标
开放性	41. 政策草案网上协商的百分比	TPA	5
	42. 顾客管理关系应用的政府网站数量的百分比	TPA	5
	43. 网上接受咨询反应时间的百分比	ADRE/TPA	5
	44. 政府网站提供数字交流和咨询平台数量的百分比（网上论坛、电子请求等）	TPA	5
	45. 政府网站为用户提供双向交流数量的百分比	ADRE/WMET	5
	46. 累计开放型分数变化的百分比	TPA	5
透明性和责任性	47. 政府在网上充分运作过程的数量百分比	TPA	5
	48. 可追踪的网上案例交易服务数量的百分比	TPA	2
	49. 公共机构在网上报道它们的预算和开支数量的百分比	TPA	2
	50. 公共机构出版网上机构图和每一个公务员责任和联系信息数量的百分比	TPA/WCR	2
	51. 立法和司法文件上网总数量的百分比	TPA/WCR	2
	52. 网上公共信息清晰和准确的百分比	TPA	2
	53. 外部评估透明分数的百分比	TPA	2

(续表)

民 主			
影 响	指 标	资 源	站标
参 与	54. 网上公共服务可证明利用的百分比	WCR	2
	55. 外部评估参与分数的百分比	TPA	5
	56. 提交在网上咨询增加的百分比	WMET	5
	57. 网上论坛交流增加的百分比	WMET	5
	58. 政策草案下载增加的百分比	WMET	5
	59. 网上申诉程序和电子申诉专员可用性	TPA	5

效 力			
影 响	指 标	资 源	站标
减少行政负担	60. 为公民节约时间的百分比	SCMC	2
	61. 为企业节约时间的百分比	SCMC	2
	62. 为公民节约成本费用的百分比(差旅费、邮资和中介费)	SCMC	2
	63. 为企业节约成本费用的百分比(差旅费、邮资和中介费)	SCMC	2
	64. 用户报告通过一系列的电子服务比传统服务节约时间的百分比	POPS	2
	可观察的(客观的)实际的方面		
增加用户价值和满意度	65. 官方领域投诉调查数量的百分比	ADRE	2
	66. 标准服务等待时间的百分比	POPS	2
	67. 下班服务使用和信息下载的百分比	WME/POPS	2
	68. 特殊用户重复使用可选的网上服务数量的百分比	WMET	2
	69. 在政府网站特殊用户交叉使用服务数量的百分比	WMET	2

(续表)

影　响	效　　　　力		
	指　　　　标	资　　源	站标
	非观察的(主观的)非实际的方面		
	70. 用户报告使用电子政务数量的百分比	RSS	2
	71. 用户报告在政府网站上准确、可信的使用信息的百分比	RSS	2
	72. 用户报告在政府网站满意处理安全和隐私问题数量的百分比	RSS	2
	73. 用户报告信任提供网上个人信息数量的百分比	RSS	2
	74. 整个电子政务用户满意指数的百分比	RSS	2
增加用户 价值和满 意度	75. 按照年龄、收入和教育程度整个电子政务用户满意指数的百分比	RSS	
	外部测量功能方面		
	76. 政府网站提供顾客数量的百分比	TPA	2
	77. 泛欧洲电子服务交易使用增加的百分比	TPA	2/4
	78. 可用性的分数	TPA	2
	79. 获得无缝服务分数的百分比	TPA	2
	80. 获得创新服务分数的百分比	TPA	2
	81. 整个服务质量分数的百分比	TPA	2
	公　　　　民		
	82. 公共就业网站使用的百分比	WMET	1
	83. 公共电子学习网站使用的百分比	WMET	1
更多包容 的公共服务	84. 公共电子健康网站使用的百分比	WMET	1
	85. 接受福利使用网上表格的百分比	WMET	1
	86. 按照收入、教育程度和年龄互联网渗透的百分比	RSS	1
	87. 社会上残疾人使用电子政务数量增加的百分比	RSS	1
	88. 与普遍服务有关的电子政务公共服务分数的百分比	从 WMET 中总结	1

效　　　力			
影　　响	指　　　　　标	资　　　源	站标
	企　　　　　业		
更多包容 的公共服务	89. 中小企业使用电子公共竞标数量的百分比	WMET	1
	90. 为企业服务的政府网站数量的百分比	WMET	1
	91. 中小企业处理网上出口问题的百分比	WMET	1
	92. 通过政府网站寻找资助要求的百分比	WMET	1

　　欧盟 eGEP 的评估框架从效率、效力和民主 3 个方面全面地、可靠地衡量信息通讯技术的投资所产生的公共价值。这 3 个方面不仅评估了电子政务政策实践成果的经济影响,而且对于其社会影响也进行了充分的考虑。

　　评估框架有 3 个特点:a) 按照效率、有效性和民主 3 个方面分解成次级标准评估电子政务政策产生的经济影响;b) 评估中包括深层次的成本分析;c) 电子政务的经济影响模式作为佐证,同时将电子政务所产生的社会效益融合在对欧盟电子政务政策影响经济的评估当中,用指标的方式将电子政务的价值理性和工具理性很好地统一起来。这个评估框架为欧盟成员国找到共性的空间提供一个灵活的、全面的措施,并且对电子政务微观层次商业案例纲要的形成具有适应性。

　　欧盟制定 eGEP 框架有以下作用:a) 促进机构战略的发展。eGEP 的评估框架将会使成员国和各个机构根据所产生的公共价值更加关注电子政务政策发展的战略以及投资的合理化;b) 加强交流。结构良好的评估框架是内部和外部加强交流的有力工具。这将会提高公众的信心,合理化电子政务的项目以及培养电子政务发展的动力,并有助于加强合作。在一个机构内,一个合理的评估框架包括合理的和明确的指标,以及不会有过分负担的数据收集活动,而且对于评估者和项目工作者来说是一个很好的参考。对于外部的合作者来说,这些评估的措施可以使它们关注措施是否与整个项目的目标一致;c) 及时获取管理信息。评估框架为管理者提供稳定、及时、可靠和有用的信息,为电子政务政策提案的制定、政策实施以及对出现的问题及早矫正提供保证。

5.3　电子政务政策评估特点分析

　　欧盟电子政务政策评估分为 3 种模式,对电子政务政策目标达成度、经济价值、社会影响等方面进行了有效的评估,对电子政务政策的纠错和正确的实施提供了有益的参考。

第一,政策评估是欧盟电子政务政策制定和实施体系中不可缺少的一个部分,并不独立于这个体系之外,具有制度的保障。在每一个政策设项时,评估工作有特定的法律和制度进行规范,评估也有相对独立的组织和部门承担,形成一套有效的评估模式和体系。政策评估是欧盟电子政务政策不断发展和完善的基石。欧盟电子政务取得的成就,与有效的政策评估体系息息相关。无论是项目的评估还是对电子政务政策效果的评估,都充分体现了评估对欧盟电子政务尤其是新入选国家电子政务发展的作用。

第二,根据政策特点,采取不同的政策评估方式和标准,将政策评估纳入到绩效评估当中。尤其是欧盟的经济效用模式的评估,将欧盟电子政务政策的价值取向民主、效率以及效力纳入到电子政务绩效评估当中,通过对于不同政策目标设立不同标准,反映政策达成的情况,有效地促进了欧盟电子政务政策发展。

第三,评估主体的广泛性。电子政务政策是欧盟信息社会政策的一个重要部分,欧盟电子政务政策的发展与企业、公民以及政府之间利益息息相关。如何听取各方利益的意见和建议,校正电子政务政策发展过程的错误和过失,进一步提高政策的可行性是符合欧盟治理思想的前提。因此,在评估中,除了欧盟内部的政策评估外,还有像凯杰这样大型咨询公司承担的外部评估,在评估中尤其重视弱势群体在信息社会发展的情况,充分体现了在政策评估中公平、正义的价值取向。

5.4 电子政务政策评估机制评析

欧盟电子政务政策从制定、实施到评估是一个规范的体系,公共政策评估是对政策制定和实施情况重要的衡量标准。我国的电子政务的评估,更多涉及的是绩效的评估,而很少涉及对电子政务政策本身的评估。虽然电子政务的绩效确实可以反映电子政务政策的一个方面,但是电子政务政策制定和实施的评估对于电子政务建设的可持续性、经济性、应用性具有广泛而又深刻的影响。

电子政务政策的评估首先要回答的问题是代表谁去对政策的制定、实施效果评估。政策的评估是电子政务政策进一步发展、修正的依据,与广大人民的利益息息相关。如果一个政策实施的结果只代表了少数精英人物的愿望,而与广大人民的愿望背道而驰,最终这个政策是行不通的。

那么到底站在什么角度去评估政策也是一个不断发展的过程。从传统的观点来看,政策的评估应具有明显的价值取向,正如学者 E·R·豪斯认为,政策评估的本质,基本上是一种政治活动,除了为决策者服务外,也在进行资源的再分配以及决定由谁合理地得到什么,其主要意义在于分配社会的基本财货。因此,它不但是一种理念的陈述,更是一种关于分配的社会机制,而这正是我们期盼的政策评估的制度性定位。评估不应当只是真实的,它更应当是正义的,目前的评估构架不论其真实性价值如何,都应在不同的程度回应正义,更何况正义本身就是政策评估应该考虑的一项重要标准①。后来发展起来的技术评估学派认为：政策评估应该保持价值中立，而特定的价值导向应该体现在政策实施阶段而不是评估阶段。技术评估更注重技术层面和事实层面的分析，并形成了政策评估的主流范式，即技术评估学派。这种学派主张应用实证技术方法以分辨政策目标的设定与政策结果之间的对应关系，进而把可以验证的、可以确定的政策实际效果作为政策评估的主旨。从价值评估理念到技术中立评估理念都在各个历史时期发挥了作用，但是没有一个评估理念是完美无缺的。

欧盟电子政务政策的评估是评估的价值取向与技术中立的协同。价值评估和技术中立评估是政策评估发展的两个重要范式，这两种评估方式曾经被认为是相互独立的，但是随着政策评估的发展，渐渐地认识到在一个有效的政策评估中，这两者之间可以统一起来，这二者之间的平衡需要解决两个问题，即：评估主体的价值取向问题，及如何通过技术中立的手段实现价值取向的问题。

电子政务政策评估首先应代表公共利益去评估，这本身也是政策评估最根本的目的。公共政策评估的价值取向溯源于政策制定的价值取向。电子政务政策制定本身就是对价值选择的问题。正如美国的政治学家戴维·伊斯顿（David Eston）认为公共政策是对全社会价值作出的权威性分配。② 电子政务政策主体担负着对公正政策价值的选择，这种选择就意味着公共政策的价值取向。政策的选择基本目标是用理智来替代在生活方式和意识形态选择上出现的随意偏好或者私利。欧盟的电子政务政策是典型的集体选择的结果。这种选择的第一个问题是理性检验的基础：社会秩序的基本思想是否为合理和公正地解决互相矛盾的观点提供基础。欧盟电子政务政策价值选择受到多方条件的限制，因此它不是变化的；另外，在政策主体观念利益的驱动下，这种选择又是多元的。在政策目标的制定过程中，必然制定了政策检验的标准，而这种目标是价值选择的结果。对于电子政务政策的评估是对政策价值判断的过程。公共政策的价值应反映社会中大多数人的共同愿望和要求，这是公共政策对于人的意义。

就电子政务政策制定来说应该具备帕累托最优（Pareto Optimum），以社会利益最大化为目标，公共性是公共政策的价值基础和核心目标。因而，公平应作为电子政务政策价值取向中最为核心的一项标准。在数字差距正在威胁着人类经济发展的情况下，如何体现电子政务政策的公平性，电子政务政策的评估是否站在公共利益的基础上，对电子政务政策的制定和实施进行评估是体现公平和正义的必要条件。那么什么是公共利益，克鲁斯克和杰克逊在《公共政策词典》中指出，公共利益是社会或国家占绝对地位的集体利益，而不是某个狭隘或专门行业的利益。公共利益表示构成一个政体的大多数人的共同利益，它基于这样一种思想，即公共政策应该最终提高大多数人的福利，而不只是少数人的福利③。另外有一些学者将公共利益等同为公众利益，认为公共利益表现为公民个人或团体向公共权力机关提出并被认可的利益要求④。

如何体现公平和正义，罗尔斯在其著作《正义论》中作了详细叙述，认为正义的第一个原则：

---

① E. R. House, Evaluating with Validity, Beverly Hills: Sage, 1980, p. 121.
② ［美］戴维·伊斯顿《政治体系——政治学研究状况》，商务印书馆 1993 年版，第 123 页。
③ ［美］E·R·克鲁斯克，B·M·杰克逊《公共政策词典》，上海远东出版社 1992 年版，第 130—131 页。
④ 见周树志《公共政策学》，西北大学出版社 2001 年版，第 526 页。

"每个人对与所有人所拥有的最广泛平等的基本自由体系相容的类似自由体系都应有一种平等的权利。"①我们最信任的正义政策至少在以下意义上是朝着这个方向发展的:"即如果这些政策被取消,那么社会的最不利阶层的生活就会更差。这些政策即使不是完全正义的,也是始终正义的。"②正义的第二个原则:"社会和经济的不平等应这样安排,使它们在与正义的储存原则一致的情况下,适合于最少受患者的最大利益;并且,依系于在机会公平平等的条件下职务和地位向所有人开放。"③正义的第二个原则表明:社会上任何的不平等应当"满足最不利的人的最大期望利益",并且从属于"机会公平平等的条件"。④ 罗尔斯期望设计一种正义的社会制度使其最大限度地实现事实上的平等,这种平等的实现恰好以打破形式平等为前提条件,表现为在社会中对先天不利者和有利者不能使用同一尺度,其理论依据是"差别原则"。差别是平等的基础,如果没有差别,就无所谓平等。

以公共利益为取向的公共政策本质上是在社会公众对社会问题充分表达各自偏好的基础上的整合。那些可以毫无顾忌地传递给其他人的偏好被称为公共偏好⑤。实际上,政策过程应该遵循"有限的多数"之民主原则,也就是说,任何多数都没有"绝对"或"优先"的权利,民主的前提就是要尊重少数人的权利,即使少数人的利益与多数人的利益具有冲突性,也应得到关注。"显然,如果少数派得不到保护,便不可能找到一个赞成新看法的多数,因为那些把看法从多数转向少数的人立刻会进入无权发表看法的人的行列。"⑥因此,公共利益对于少数人,如社会弱势群体的某些利益的忽略不利于公共政策公平与正义的实现,依此取向而制定的公共政策从形成之时就有失公正,公共利益的实现也就很难达到真实与完整。

正如著名的民主理论家罗伯特·达尔所说,"民主的主要性格是政府对公民的偏好不断地做出回应"。⑦ 政府如何对民主的偏好做出回应,如何体察民意反映公众的意愿,一个良好的电子政务政策评估机制是必须的。对于公共政策的价值取向人们有不同的认识,但是公共政策是否具有公共性,代表公共利益的核心的公平和正义是否充分得到实现是非常重要的。政策的评估机制同样提出一个问题,政策的评估是代表少数人的利益去评估呢,还是真正站在大多数人以及弱势群体的立场上评估是有区别的。正如在政策制定中,精英在事实上很少受公众意见的影响,而是认为大众福利必须肩负在精英而不是大众自己身上。因此,"精英主义认为公共政策不会反映民众的要求,而是反映精英的利益、价值和偏好"。⑧ 电子政务政策的评估是否代表公共利益是体现公平和正义的重要手段。

电子政务政策评估主体第二个价值取向应该是追求事物的客观真实性。根据事物发展的规律制定政策、实施政策过程本身就是探索事物发展规律的过程。如果政策的评估缺乏客观公正

① [美]约翰·罗尔斯《正义论》,中国社会科学出版社 1988 年版,第 242 页。
② 同上,第 308 页。
③ 同上,第 792 页。
④ 同上,第 292 页。
⑤ [美]第默尔·库兰《偏好伪装的社会效果》,长春出版社 2005 年版,第 14—15 页。
⑥ [美]乔·萨托利《民主新论》,东方出版社 1998 年版,第 136 页。
⑦ Robert A. Dahl, Polyarchy: Participation and Opposition, Yale University Press, 1971, pp. 1 - 3.
⑧ [美]托马斯·R·戴伊《理解公共政策》,华夏出版社 2005 年版,第 139、201 页。

性,评估本身就已经失去了应有之义。实事求是地评估政策是对政策评估主体必然的要求。

对于电子政务政策实践的评估分为两种,一种是对政策实施的客观事实的评估,一种是对政策实践价值的评估。客体事实就是客体通过感官在主体意识中所形成的感性呈现。价值事实评估就是主体与客体之间的价值关系或价值通过感官在主体意识中所形成的感性呈现。

客观事实的评估主要通过采用科学化的指标和基准来衡量电子政务政策发展的现状。在这些指标的调查过程中,也不免渗透着评估主体价值的看法和评价。正如罗伯特·达尔认为,任何人在判断时都不可能完全避免运用价值标准。政策的评估往往是事实与价值两者的交融,正如一位西方学者所说:"客观的和不带价值判断的科学家,不是理想的科学家。"人们不可能剥夺这种科学家的党派性,同时也不能剥夺他人性的客观性,"不带价值判断本身就是价值判断"①。因为实践活动是人的本质活动,是主体改造客体的形态和结构以便使客体的属性能够满足主体需要的物质活动。因此,实践活动就是创造价值的物质活动,在这一物质活动中,人们一般首先关心的是客体属性对满足主体生存和发展的需要所具有的意义,在进一步研究客体属性能否满足主体需要的原因时,才关注作为属性载体的客体的本质和规律。

电子政务政策实践价值事实的认识反映了评估主体之间对于客体价值关系的认识。对价值事实进行正确评价要做到以下两点:一是全面把握电子政务政策实践的情况;二是正确把握客观的评价标准。只有全面把握电子政务政策实践的情况,才能做到从"事实"出发;只有正确把握客观的评价标准,才能对对象作出正确评价,从而求出真正的"是"。客观的需要和利益即客观的价值标准,是衡量评价标准的尺度②。所以政策的价值事实所依据的评价标准是以价值标准为前提的。然而,评价标准的形成和变化是随着实践即主体存在和发展的情况而变化的。

就政策价值事实的评估,它在某种意义上就是一种主体性事实,即通过主体本身的存在和变化而表现出来的事实③。对于电子政务政策的评估同样具有明显的主体性特点。首先,评估主体总是从这种评价活动是以价值或价值关系为反映对象,从价值事实中揭示其本质和规律,因而是对价值的认识活动,即从价值事实中求是。另外,评价活动总是从主体出发(确切地说是从主体的需要出发)来看待客体对于主体所具有的意义,因此,评价活动又具有明显的主体性特征。但与这种主体性密切相关的是主体利益的多样性。这种多样性将影响对价值事实的正确评价,在一定程度上将影响人们对实事求是原则的贯彻。

因此,在电子政务政策评估过程中,政策目标是评价的重要依据,也是多元利益对于政策价值认识博弈的结果,在政策评估过程中,对评估的指标、基准的科学、合理的设置,是对电子政务政策事实评估和价值评估的保证。

另外,在电子政务政策评估中,评估主体的价值取向,决定了政策评估的客观性和准确性。由于评估主体的自利性,可能导致信息失真和公共利益的扭曲。欧盟电子政务政策评估中,所使用的方法对于防止评估主体的自利性,达到价值与事实地兼顾和平衡,具有重要的意义。

① [美]克劳斯·冯·柏伊姆《当代政治理论》,商务印书馆 1990 年版。
② 李德顺《价值论:一种主体性的研究》,中国人民大学出版社 1987 年版,第 294 页。
③ 同上,第 269 页。

第一,制度化的评估。欧盟电子政务政策的评估,是欧盟委员会政策提案中的重要内容,无论是政策评估的主体、评估的内容、指标是多元利益主体之间通过制度化的协商,达成的共识,保证了评估的客观与公正。2006年欧盟eGEP评估框架的出台是欧盟电子政务政策评估价值取向和政策目标明确性的很好例证。可以说制度化政策评估是欧盟电子政务政策评估有序进行的保证。

第二,基准和指标制定的多元参与性。首先,欧盟电子政务政策是基于治理模式下的评估,因为欧盟是先有立法后有制度,对于采用什么样的基准和指标发展电子政务是在成员国电子政务专家中广泛讨论中产生的。这种衡量基准代表成员国对于评估的基本价值取向,公平和正义是应有之意;其次,基准和指标的制定具有广泛的民主和合法性的基础,这为政策的评估打下了良好的基础;第三,指标具体内容的设置不但要关注经济的影响,而且对于其所产生的社会效益也是评估中的重要内容,如果一个政策的实施只带来了很大的经济效益,却对社会没有产生积极的影响,这种政策并不是一个成功的政策。例如,在欧盟电子政务政策经济和效益的评估中设计了92个指标,这些指标包括效率、效益和包容性的评估,囊括了各个方面,可以正确而又全面地反映电子政务政策发展的经济效益和社会效益。

第三,评估主体的选择非常重要。在欧盟电子政务政策的评估中,评估主体有第三方,如大的咨询公司、欧盟委员会的专家小组以及欧盟委员会所指定的评估委员会。评估主体的多元性和代表性对于评估的结果具有广泛的意义,一方面体现了评估的民主参与性;另一方面可以防止评估主体自利性,有助于评估的客观性。因为评估本身就是一种价值选择问题,由于主、客观条件的限制,对于电子政务政策实施具体情况的把握,难免不足,多元利益的参与可以起到集思广益的作用,同时也有助于加强对弱势群体的关注。

在欧盟电子政务政策的评估中,欧盟把握住评估正义、公平的原则,在几乎所有的评估中,都设置了关于残疾人对于电子政务认识和使用的指标。这也反映了罗尔斯的观点,如果一个国家或者一个民族,最弱势的群体在使用政府信息上取得了很大的进步,这说明这个国家和民族在政策的实施上取得了很大的成功。

欧盟电子政务政策的评估机制是评估主体基于公平和正义的价值取向,有效地实施政策评估的基准和指标的过程。欧盟电子政务政策的评估虽然分为两种,一种是基于项目的评估,还有一种是基于实施效果的评估,但是欧盟电子政务政策的评估通过开放协调机制的模式,形成评估的基准和指标作为成员国衡量欧盟电子政务发展的重要尺度。虽然在东扩后欧盟电子政务发展的水平在国际上有所下降,但是通过发达国家和落后国家使用同样的评估标准,有效地拉动和提高了落后成员国发展电子政务的信心和能力。

6 结　　语

　　研究欧盟的政策不可回避欧盟的治理结构。欧盟是一个多层次治理结构,在这种多元主体参与的治理结构下,电子政务政策将欧盟在2000年所设立的通过信息通讯技术实现"经济增长和就业率提高"作为主要目标。欧盟的电子政务政策是欧盟实现治理目标的工具。欧盟的电子政务政策包括硬政策和软政策,不同类型的政策反映了政策制定、应用主体之间的权利配置关系和法律效力,以及不同的政策效果。从某种意义上说,欧盟电子政务政策是欧盟治理的工具和手段,欧盟电子政务政策机制反映了在多层次治理的背景下,如何通过电子政务政策实现治理的目标,强调了好的目标的实现中治理和工具选择的密不可分性。

　　第一,欧盟多层次治理是欧盟电子政务政策机制运作的规则体系。在这个意义上,欧盟电子政务政策受制于欧盟多层次治理的规则。而欧盟电子政务政策机制运作的过程也是欧盟治理体系规则的表现;第二,欧盟电子政务政策制定和实施的过程是欧盟从超国家、国家、次国家权利主体之间博弈和制衡的过程。电子政务政策是欧盟权利主体之间为实现治理目标制衡和博弈过程的结果和实现目标的手段;第三,欧盟电子政务政策是欧盟治理的一种工具。这种工具的目标是实现善治。善治实际是国家权力向社会的回归和还政于民的过程。电子政务促进政府的管理更具有合法性、透明性、责任性、回应性和有效性。

　　到今天欧盟已经有27个成员国,电子政务政策的设计是一个庞大的、复杂的工程。但是欧盟电子政务的建设却取得了长足的进展,为世界所瞩目。27个成员国有不止27个利益需求,将欧盟成员国不同的利益需求整合起来,促进欧盟电子政务发展要归功于欧盟有效的电子政务政策机制。这个有效的机制来源于欧盟电子政务政策过程的各个环节机制的有效性。欧盟电子政务政策机制是以多元利益主体协商博弈制定电子政务政策,以软硬兼施的方法和手段实施电子政务政策,和多渠道的政策评估为补充促进欧盟电子政务政策可持续的发展。这充分说明了公共政策过程的每一个环节都会对政策的实施结果有着直接或者间接的影响。

　　欧盟电子政务政策不仅将创建"世界一流的公共行政"作为目标,而且也是"为公民和企业服务创新的手段",更重要的是赋予了"加强欧洲民主发展"的使命。这些任务是欧盟电子政务转化为电子治理的转折点。电子治理的本质是基于信息通讯技术的应用,政府驾驭参与社会进步的行动和能力。随着欧洲电子政务的发展,信息技术迅速渗透到公共领域。通过信息通讯技术迅速地改变公共服务的传递,重新塑造民主的实践和改变政府和公众服务之间的关系。电子政务现在不仅变成了技术问题而且是加强服务供应商和消费者之间互动和改变政府的过程,是提高政府的领导力,促进经济发展,重塑政府在社会中角色的问题。

实现欧盟的电子治理需要有效的电子政务政策机制的保障,而且欧盟电子政务政策运作机制其根本的目标也是实现电子治理。在欧盟体制下电子治理与一般意义上的电子治理区别在于:第一,欧盟电子治理是基于欧盟多层次治理的政治制度框架,在这种框架下,多元主体民主参与的立法制度已经形成,治理的目标是通过信息通讯技术工具改革成员国的政府运作模式,达到善治的目标;第二,欧盟是基于目标的联合体,欧盟的电子治理的目标是实现泛欧洲政治的一体化。虽然目前欧盟是典型的经济一体化的组织,但是欧盟不会只限于经济一体化,政治一体化是欧盟治理的趋势。电子治理通过打破成员国国家的界限,实现信息资源共享、服务流通等多项的目标。虽然这些目标都是打着实现内部市场服务的旗号,但是随着电子治理目标的实现,将对欧盟成员国以及欧盟的治理模式产生深刻的战略意义;第三,通过电子治理,尤其利用信息技术的特性,例如通过 IDA、IDABC 等项目的技术革新,跨越成员国之间的敏感区域,实现技术转让和经济的互利,达到成员国政府组织潜移默化的革新。

电子政务的发展和设计是欧盟治理理念的具体体现,信息技术只是欧盟实现治理理念的工具,而具体的实践则体现了欧盟治理过程权力运作、推广和回馈的复杂性。通过电子政务的不断发展,促进欧盟泛欧服务的广泛普及,进而实现电子治理和达到政治一体化的理想,所有这些都基于欧盟治理机制的有效运作。

电子政务的发展不仅受到政治的影响而且也通过政治赋予其意义。电子政务是在既定的价值体系和制度安排下达到目标的手段。电子政务的意义和功能并非仅仅由信息通讯技术本身决定,而是由信息通讯技术和信息通讯技术所处的政治、社会和文化的环境系统决定。这就回应了美国未来学家托夫勒一句话:经济的快速发展,新的时代浪潮的形成,关键不在于科技,不在于人,而在于制度。

参 考 文 献

一、图书

［ 1 ］ ［美］达尔.现代政治分析［M］.上海：上海译文出版，1987.

［ 2 ］ 李德顺.价值论：一种主体性的研究［M］.北京：中国人民大学出版社，1987.

［ 3 ］ ［美］柏伊姆.当代政治理论［M］.北京：商务印书馆，1990.

［ 4 ］ ［美］刘易斯.经济增长理论［M］.上海：上海三联书店，上海人民出版社，1994.

［ 5 ］ ［美］诺斯.经济史中的结构与变迁［M］.上海：上海三联出版社，1994.

［ 6 ］ ［美］内格尔.政策研究：整合与评估［M］.长春：吉林人民出版社，1994.

［ 7 ］ ［美］格鲁姆.政策影响的分析［M］//政治学手册精选（上册）.北京：商务印书馆，1996.

［ 8 ］ 张金马.政策科学导论［M］.北京：中国人民大学出版社，1996.

［ 9 ］ ［美］威尔逊.行政学研究［M］.北京：中共中央党校出版社，1997.

［10］ 彭和平，竹立家，等.国外公共行政理论精选［M］.北京：中共中央党校出版社，1997.

［11］ ［德］哈贝马斯.现代性的地平线——哈贝马斯访谈录［M］.上海：上海人民出版社，1997.

［12］ 张国庆.现代公共政策导论［M］.北京：北京大学出版社，1997.

［13］ 孙光.现代政策科学［M］.杭州：浙江教育出版社，1998.

［14］ ［美］萨托.利民主新论［M］.北京：东方出版社，1998.

［15］ ［美］罗尔斯.正义论［M］.北京：中国社会科学出版社，1988.

［16］ 孙立亚.社会工作导论［M］.北京：中国财政经济出版社，1999.

［17］ 欧共体官方出版局.欧洲联盟条约［M］.苏明忠，译.北京：国际文化出版公司，1999.

［18］ ［德］哈贝马斯.公共领域的结构转型［M］.曹卫东，王晓玉，刘北城，等.译.上海：学林出版社，1999.

［19］ ［美］诺斯，托马斯.西方世界的兴起［M］.北京：华夏出版社，1999.

［20］ 蒋坡.国际信息政策法律比较［M］.北京：法律出版社，2001.

［21］ 周树志.公共政策学［M］.兰州：西北大学出版社，2001.

［22］ 傅忠道.社区工作基础知识 1000 答［M］.北京：中国青年出版社，2001.

［23］ ［美］戴伊.自上而下的政策的制定［M］.北京：中国人民大学出版社，2002.

［24］ 焦宝文，薛晓户.全球电子政府发展状况［M］.北京：中国财经经济出版社，2001.

［25］ 刘秀文，［英］科什纳.欧洲联盟政策及政策过程研究［M］.北京：法律出版社，2003.

［26］ 王长胜.电子政务蓝皮书：中国电子政务发展报告［M］.北京：社会科学文献出版社,2003.

［27］ 谢晖.法律的意义追问——诠释学视野中的法哲学［M］.北京：商务印书馆,2003.

［28］ 张维迎,刘鹤.中国地级市电子政务研究报告［M］.北京：经济科学出版社,2003.

［29］ 章祥荪,杜链.电子政务及其战略规划［M］.北京：科学出版社,2004.

［30］ 吴爱明,王淑清.国外电子政务［M］.西安：陕西人民出版社,2004.

［31］ 陈家刚.协商民主：民主范式的复兴与超越［M］.上海：上海三联书店,2004.

［32］ 顾培东.社会冲突与诉讼机制［M］.北京：法律出版社,2004.

［33］ 张金马.公共政策过程分析：概念、过程、方法［M］.北京：人民出版社,2004.

［34］ 郑海燕.欧洲联盟信息政策研究［M］.北京：北京图书馆出版社,2004.

［35］ 罗曼.信息政策［M］.北京：科学出版社,2005.

［36］ ［美］戴伊.理解公共政策［M］.北京：华夏出版社,2005.

［37］ 金太军,钱再见,等.公共政策执行梗塞与消解［M］.广州：广东人民出版社,2005.

［38］ ［美］库兰.偏好伪装的社会效果［M］.长春：长春出版社,2005.

［39］ 宋锦洲.公共政策：概念模型与应用［M］.上海：东华大学出版社,2005.

［40］ 罗豪才.软法与公共治理［M］.北京：北京大学出版社,2006.

［41］ ［美］科恩.协商与民主合法性［M］//［美］博曼,雷吉.协商民主：论理性与政治.陈家刚,译.北京：中央编译出版社,2006.

［42］ ［南非］登特里维斯.作为公共协商的民主［M］.北京：中央编译出版社,2006.

［43］ DLASSWELL H, KAPLAN A. Power and Society: A Framework for Political Ingenuity［M］. Yale University Press, New Haven, 1954.

［44］ ROSE R. Policy Making in Great Britain［M］. Macmillan, London, 1969.

［45］ HECLO H. Modern Social Politic in Britain and Sweden: From Relief to Income Maintenance［M］. New Heaven, Yale University Press, 1974.

［46］ LICHFIELD N. Evaluation in the Planning Procress［M］. Oxford: Pergamen Press, 1975.

［47］ ROSENAU J N, CZEMPEIL E O. Governence without Government: Order and Change in World Politics［M］. Cambridge Uni, 1992.

［48］ BANGEMANN M. Europe and Global Information Society［M］. Report Recommendations to the European Council, 1994.

［49］ EU. Europe's Way to the Information Society, An Action Plan［M］. Brussels, 1994.

［50］ FISHKIN J. The Voice of the People［M］. New Haven and London: Yale University Press, 1995.

［51］ PIRIC A, REEVE N. Evaluation of Public Investment in R & D — Towards a Contingency Analysis［M］// Policy Evaluation in Innovation and Technology: toward Best Practices (OECD Proceedings). OECD, 1997.

[52] VEDUNG E. Public Policy and Program Evaluation[M]. New Brunswick (U. S. A) and London (U. K): Transaction Publishers, 1997.

[53] AICHHOLZER G, SCHMUTER R. Bring Public Administration Closer to the Citizen [M]. Vienna, 1998.

[54] FERRERA M, HEMERIJCK A, RHODES M. The Future of Social Europe: Recasting Work and Welfare in the New Economy[M]. Report to the Portuguese Presidency of the European Union, 2000.

[55] HOOGHE, LIESBET, MARKS G. Multi-Level Governance and European Integration [M]. Oxford: Rowman & Littlefiel, 2001.

[56] De Búrca, Gráinne. The Constitutional Challenge of New Governance in European Union[M]. Unpublished Manuscript, 2002.

[57] HOOGHE, LIESBET, MARKS G. Unraveling the Central State, but How? Types of Multi Level Governance[M]. American Political Science Review, 2003.

[58] Commission of the European Communities. eGovernment for Europe Future [M]. Brussels, 2003.

[59] Cf. De Búrca, Gráinne, ZEITLIN J. Consitutionalising the Open Method of Coordination. What Should the Convention Propose? [M]. CEPS Policy Brief No. 31, Centre for European Policy Studies, Brussels, 2003.

[60] COBRA. eGovernment Beyond 2005: Recommendation for Modern and Innovative Public Administrations by 2010[M]. Brussels, 2004.

[61] MORTH U. Soft law in Governance and Regulation: an Interdisciplinary [M]. Cheltenham Edward Elgar, 2004.

[62] CENTENO C, BAVEL R V, BURGEIMAN J C. eGovernment in the EU in the Next Decade: the Vision and Key Challenge[M]. European Commission Directorial-General Joint Research Centre, 2004.

[63] ALABAU A. European Union and Its eGovernment Development Policy[M]. 2004.

[64] KUIUMDJIEVA A, MEIJER A J. Breaking Barriers to eGovernment — Overcoming obstacles to Improving European Public Services[M]. EC, 2006.

[65] European Commission. Consultation Document for a Future Policy Paper on Pan-Europe Government E-Services[M]. Brussels, April 5, 2002.

[66] RISHAB A, GHOSH, KRIEGER B, et al. Open Source Software in the Public Sector: Policy within the European Union[M]. International Institute of Infonomics University of Maastricht, 2002.

[67] EU. Communication From the Commission to the Council, the European Parliament, the European and Social Committee and the Committee of the Regions, the Role of eGovernment Europe's Future[M]. Brussels, 2003.

二、期刊

[1]　邓中华. 论欧洲共同体法与成员国法的关系[J]. 法学评论, 1991(2).

[2]　辛欣. 国外信息政策梗概[J]. 经济研究参考, 1993(Z3).

[3]　[德]哈贝马斯 J. 现实与对话伦理学——J·哈贝马斯答郭义问[J]. 哲学译丛, 1994(2).

[4]　梁俊兰. 国外信息政策的发展道路[J]. 国外社会科学, 1997(2).

[5]　张珠圣. 国外信息政策研究(上、中、下)[J]. 毛泽东邓小平理论研究, 1998(2—4).

[6]　黄志雄. 从欧洲联盟看国际社会组织化与国际化的发展[J]. 中央政法管理干部学院学报, 1998(5).

[7]　吴志成, 李客循. 欧洲联盟的多层级治理: 理论及其模式分析[J]. 欧洲研究, 2003(6).

[8]　肖希明. 国外信息政策研究的兴起与热点[J]. 图书与情报, 2003(3).

[9]　张新宇, 尚萍. 国外信息政策研究述评(1990—2001)[J]. 现代情报, 2003(3).

[10]　王协舟, 陈艳红. 电子政务信息资源建设绩效评估研究[J]. 档案学研究, 2004(6).

[11]　刘腾红, 刘荣辉, 赵鹏. 电子政务系统评价方法研究[J]. 武汉理工大学学报(信息与管理工程版), 2004(3).

[12]　王立华. 电子政务绩效评估的研究述评[J]. 系统工程, 2005(2).

[13]　张小明. 电子政务绩效评估指标体系标准化研究[J]. 术语标准化与信息技术, 2005(2).

[14]　彭细正. 电子政务门户网站绩效评估的研究[J]. 信息化建设, 2005(10).

[15]　马连杰, 胡新丽, 张晓莲, 等. 论我国电子政务绩效评估体系的构建[J]. 湖北社会科学, 2005(11).

[16]　胡大平, 陶飞. 电子政务系统综合评价指标体系及评估模型研究[J]. 科技进步与对策, 2005(6).

[17]　蓝玉春. 欧盟多层次治理: 论点与现象[J]. 政治科学论业, 2005(6).

[18]　刘文秀, 汪曙申. 欧洲联盟多层治理的理论与实践[J]. 中国人民大学学报, 2005(4).

[19]　郜会远. 当前我国非制度化政治参与问题探析[J]. 云南行政学院学报, 2005(2).

[20]　华锦阳, 许庆端. 公司治理模型的发展与评价[J]. 中国软科学, 2001(12).

[21]　罗曼. 国外信息政策研究解析[J]. 情报杂志, 2005(9).

[22]　[德]科勒-科赫. 转型视角下的欧洲联盟治理[J]. 南开学报, 2006(1).

[23]　郑永丰, 李广建. 欧盟信息政策及其对我国的借鉴意义[J]. 情报探索, 2007(2).

[24]　孟庆峰. 电子政务发展中的阻力因素的经济学分析[J]. 财经界, 2007(294).

[25]　刘明政, 郑永丰. 欧盟信息社会政策制定战略[J]. 中国信息导报, 2007(6).

[26]　许可静. 欧盟网络与信息安全法律规制及其实施方案[J]. 中国信息导报, 2007(3).

[27]　兰天. 欧盟制度效率分析[J]. 国外社会科学, 2007(3).

[28]　毛江华. 弱在立法中美电子政务存差距[J]. 计算机世界, 2007(1).

[29]　HALL P A. Policy Paradigms, Social Learning and the State — the Case of Economic Policymaking'[J]. Comparative Politics, 1993(25).

[30]　JACHTENFUCHS, MARKUS. The Governance Approach to European Integration

[J]. Journal of Common Market Studies，2001，39(2).

[31] SCOTT J, TRUBEK D M. Mind the Gap：Law and New Approaches to Governance in the European Union[J]. European Law Journal，2002,8(1)：1－18.

[32] LOBEL O. The New Deal：the Fall of Regulation and the Rise of Governance in Contemporary Legal Thought[J]. in Minnesota Law Review，2004(89).

三、论文

[1] 陆燕虹.哈贝马斯话语民主理论述评[D].上海：华东师范大学,2004.

[2] 李章程.欧洲电子政务建设研究[D].苏州：苏州大学,2005.

[3] 汪潇.我国公共政策过程中的公民参与的限制因素与突破战略[D].长沙：湖南大学,2006.

[4] IDABC eGovernment Observatory, The Impact of e-Government on Competitiveness, Growth and Jobs [D]. IDABC eGovernment Observatory Background Research Paper，2005.

四、会议

[1] European Commission Ministerial Conference. eGovernment from Policy to Practice[C]. Brussels,2001.

[2] European eGovernment Conference 2003，Ministerial Declaration[C]. Como, July 7－8，2003.

[3] European Commission. eEurope 2005 Mid Term Review, Summary on Public Consultations[C]. Brussels，October 10，2003.

[4] EU. Interchange of Data between Administration, Multi-channel Delivery of eGovernment Services[C]. June，2004.

[5] EU. Communication from the Commission to The Council，The European Parliament，The Economic and Social Committee and The Committee Of The Regions[C]. eEurope 2005：An information society for all-an Action Plan to be presented in view of the Sevilla European Council，June 21－22,2002.

五、电子文献

[1] European Commission，Reprort on the Implementation of the EU Electronic Communication Regulatory [R/OL]. 2003. http：//i-policy. typepad. com/ informationpolicy/2006/03/eu_urges_more_b. html.

[2] eEurope Advisory Group，Digital Divide and Territorial Coverage [EB/OL]. 2004. http：//ec. europa. eu/information_society/eeurope/2005/doc/wg1_digi_divide_written_recs_290904. doc.

〔3〕　European Commission，European Competitiveness Report 2004，Commission Staff Working Paper〔EB/OL〕. Sec（2004），1397，2004. http：//ec. europa. eu/enterprise/ enterprise_policy/competitiveness/doc/comprep_2004_en. pdf.

六、报告

〔1〕　赛迪顾问股份有限公司. 2005 年中国政府门户网站建设现状与发展趋势研究〔R〕. 2005.

〔2〕　MILLARD J，WARREN R. Towards the eGovernment Vision for the EU in 2010：a White Paper from the Economist Intelligence Unit Sponsored by Oracle 〔R〕 E-government in Central Europe Rethinking public administration，2004.

〔3〕　Commission of The European Communities. Action Plan for the Implementation of the Legal Framework for Electronic Public Procurement〔R〕. 2004.

〔4〕　eEurope Advisory Group. e-Inclusion：New Challenges and Policy Recommendations 〔R〕. 2005.

〔5〕　Commission of the European Communities. Digital Divid Forum Report：Broadband Access and Public Support in Underserved Areas〔R〕. Brussels，2005.

〔6〕　CAPGEMINI. Online Availability of Public Services：How is Europe Progressing? 〔R〕. June，2006.

〔7〕　EU. Communication from the Commission to the Council，the European Parliament，the European Economic and Social Committee and the Committee of the Region，i2010 eGovernment Action Plan：Accelerating eGovernment in Europe for the Benefit of All 〔R〕. Brussels，april 25，2006.

〔8〕　GHOSH R A. Study on the：Economic Impact of Open Source Software on Innovation and the Competitiveness of the Information and Communication Technologies （ICT） sector in the EU〔R〕. 2006.

〔9〕　EU. Ministerial Declaration〔R〕. Riga Latvia，2006.

〔10〕　R European Commission Directorate — General Joint Research Centre〔R〕. Research Policy Challenges，2006.

〔11〕　EC Communication. i2010 eGovernment：Acceleration eGovernment in Europe for the Benefit for all〔R〕. Commission of European Committees，2006.

〔12〕　Capgemini. Online Availability of Public Services：How is Europe Progressing? Web Based Survey on Electronic Public Services Report of the 6th Measurement〔R〕. 2006.

〔13〕　EU. i2010-Annual Information Society Report 2007〔R〕. Brussels，march 30，2007.

〔14〕　EU. Communication From The Commission To The Council，The European Parliament， The Economic and Social Committee and The Committee Of The Regions〔R〕. Europe At The Forefront Of The Global Information Society：Rolling Action Plan，1996.

〔15〕　EU. Communication From The Commission To The Council，The European Parliament， the Economic and Social Committee and The Committee Of The Regions[R]. The Information Society: From Corfu to Dublin, The New Emerging Priorities, 1996.

[16] Council Decision. Adopting a Multiannual Community Programme to Stimulate the Establishment of the Information Society in Europe(Information Society)[R]. March 30, 1998.

[17] Council Decision. Adopting a Specific Programme for Research, Technological Development and Demonstration on a User-friendly Information Society(1998 to 2002) [R]. 1999.

[18] The European Parliament and of the Council. Adopting a Series of Actions and Measures in Order to Ensure Interoperability of And Access to Trans-European Networks for the Electronic Interchange of Data between Administrations(IDA) [R]. July 12, 1999.

[19] Council of the European Union and Commission of the European Communities. eEurope 2002 Action Plan — Prepared by the Council and the European Commission for the Feira European Council, June 19 - 20 2000[R]. EU, eEurope Targets-2000, Brusssels, 2000.

[20] eGovernment Ministerial Declaration. Ministerial Declaration[R]. Brussels, November 29, 2001.

[21] EU. eEurope 2002: Creating a EU Framework For the Exploration of Public Sector Information[R]. 2001.

[22] Commission of European Communities. eEurope 2002: Creating a EU Framework for the Exploration of Public Sector Information[R]. Brussels, 2001.

[23] EU. Action Plana Co-operative Effort to Implement the Information Society in Europe [R]. June 2001.

[24] EU. Communication from the Commission to The Council, The European Parliament, The Economic and Social Committee and The Committee of The Regions, eEurope 2002 Final Report[R]. 2002.

[25] European Commission and Enterprise Directorate General. Report on the Results of the IDA Open Consultation on Policy for Pan-European Government E-services[R]. 2002.

[26] The Report of Ministry of Public Administration. Rationalizing eGovernment Policy in the European Union — a Review of eGovernment Working Groups[R]. April 25 - 26, 2002.

致　谢

　　本书是在我博士论文的基础上修改而成的。在本书的写作过程中，非常感谢我的博士生导师赵国俊教授对我多年的教诲，恩师既如我的慈父又是我的严师和益友。想起过去，每每遇到挫折，都会受到恩师的鼓励和支持。在与恩师学习的过程中，恩师的渊博学识和为人处世让我折服。每次遇到难以克服的困难，与恩师切磋都有豁然开朗之感触。恩师平时很忙，但在本书写作过程中，恩师都会百忙中抽出时间，亲自把关指导，以开拓学生的思维和解决写作之难点。虽然难以抵挡岁月的流逝，时光就这样悄然溜走，沉淀下来的只有对恩师无限的感激之情。

　　驿站是在古代短暂休息和换马传递信息的场所，而我在人大这个驿站一待就是 10 年。我可以被称为"土著"人大人，这也要感谢我的硕士导师侯卫真教授，对我的谆谆教导和给予的帮助，不断让我奋发向上，让我变成了真正的"土著"。并且恩师活跃的思维、锐意创新的学术风格也让我在未来的学习和工作中受益匪浅。

　　人生有几个 10 年呢？我在人大信息资源管理学院求学 10 年，可以说信息资源管理学院是我人生记忆中永远的名字。感谢信息资源管理学院的全体老师，感谢帮助过和关心过我的冯惠玲教授、胡鸿杰教授、王英玮教授、杨健教授、郭莉珠教授、周晓英教授、卢小宾教授、张斌教授、宫晓冬副教授、黄霄羽副教授、王立清副教授、李春明老师、李洁老师、纪红波老师等。也要非常感谢宣小红师姐、张璋师兄对我一直以来的鼓励和支持。

　　在一个人的一生中，可能会与很多的人和事结缘，与中国人民大学欧盟问题研究中心结缘也是我的福分。本书能够顺利杀青，要感谢欧盟问题研究中心的资助，尤其要感谢宋新宁教授、张小劲教授、麦老师辛勤的工作和无私的帮助，使我有幸能亲赴欧盟做实地考察和收集资料，为本书的写作打下了坚实的基础。

　　在过去的学习和工作生活中，有泪水、有欢声也有笑语。非常感谢我的好朋友和同学李珍、贺军、李扬新、谢红霞、张会超、张长海、石晶、张红晖、张洁、陈露、吴蔚一直以来对我的关心和鼓励。

　　我来自遥远的大山，父亲母亲培育了我坚毅、淳朴、善良的品格。母亲说："这些品格是生命的金子。"我想我现在和未来得到的所有的一切，都是因为我的父亲和母亲，是他们让我的想法有多远，我就走了多远。在这里我想说的是："爸爸、妈妈，I love you forever!"

　　最后我以汪国真的《感谢》这首诗结束我的论文，表达我对我恩重如山的父母、导师以及人大信息资源管理学院、欧盟问题研究中心培育过我的老师们和我亲爱的师兄、师姐、同学和朋友们的感谢之情。

感　谢

让我怎样感谢你
当我走向你的时候
我原想收获一缕春风
你却给了我整个春天

让我怎样感谢你
当我走向你的时候
我原想捧起一簇浪花
你却给了我整个海洋

让我怎样感谢你
当我走向你的时候
我原想撷取一枚红叶
你却给了我整个枫林

让我怎样感谢你
当我走向你的时候
我原想亲吻一朵雪花
你却给了我银色的世界

迪莉娅于 2010 年 1 月